亲爱的读者，当你翻开这本书时，也许你正陷于与他人的争执中无法自拔，也许你正在奔向梦想的路途中身心疲惫，你开始思考自己生命中最重要的事是什么？有人说是努力奋斗实现人生价值；有人说是保持身体健康；有人说是有家人的陪伴。你想明确自己的努力是不是通向幸福人生的方向。

这本书就是为渴望过更加充实、更有成就的生活的你而准备的。

在心理学家看来，真正的幸福人生，不是做惊天动地的事，而是懂得发现生命中的小美好，过自己想要的生活。我们是创造自己最好未来的主人。

在这里，你可以找回自信，明白自己的能力和界限，真正掌握自己的生活并多做对自己而言确实有意义的事情。

在这里，你可以看心理学家怎样解读问题和误解，多个视角看人与人之间的矛盾和伤害。更多地理解那些和自己不一样的人，透过这些人更深地理解自己。

愿未来的你，是你最想成为的自己。

——编者

生命中无比重要的事

严文华 著

江苏凤凰文艺出版社
JIANGSU PHOENIX LITERATURE AND ART PUBLISHING, LTD

图书在版编目（CIP）数据

生命中无比重要的事 / 严文华著. -- 南京：江苏凤凰文艺出版社，2017.10
ISBN 978-7-5594-0992-8

Ⅰ. ①生… Ⅱ. ①严… Ⅲ. ①成功心理-通俗读物
Ⅳ. ①B848.4-49

中国版本图书馆CIP数据核字（2017）第208066号

书　　名	生命中无比重要的事
作　　者	严文华
责任编辑	邹晓燕　黄孝阳
出版发行	江苏凤凰文艺出版社
出版社地址	南京市中央路 165 号，邮编：210009
出版社网址	http://www.jswenyi.com
发　　行	北京时代华语国际传媒股份有限公司　010-83670231
印　　刷	北京中科印刷有限公司
开　　本	880 × 1230 毫米　1/32
印　　张	9.5
字　　数	237 千字
版　　次	2017 年 10 月第 1 版　2017 年 10 月第 1 次印刷
标准书号	ISBN 978-7-5594-0992-8
定　　价	45.00 元

前言

这本书凝结着我对文化和生活的感悟，也是我对生命中无比重要的事的总结。这些感悟和总结可以用四个方面来概括：理解、支持、促进理解和提供温暖。

流淌在文字中的这些方面是指我试图理解和我相遇的那些人，并通过一个个故事促成人们之间的相互理解，让爱和温暖在其中传递。这些人包括中国人、外国人，包括健康的人、不健康的人，包括适应良好的人、适应不良的人，包括成功人士、失败的人，包括沿海城市的人、西北边陲的人，包括城市人、农村人，包括企业高管、白领人士和蓝领工人、电子加工厂的工人……理解这样多元化的群体是一件非常不容易的事情，因为我和他们的人生阅历、价值观非常不同，但多年的心理咨询和跨文化心理学实践，使得我有可能走近他们的内心，即使不可能完全懂他们，但努力贴近他们。在和外国人接触的过程中，在从事跨文化心理学的过程中，我一次次需要回答最基本的问题："我是谁？"我需要把自己的脚放进 TA 的鞋子里，不光是站在 TA 的角度来看这个世界，还要让自己的感受和对方同步。我把自己的理解融入那些故事里，希望你也能通过阅读，更多地理解那些和自己不一样的人。

支持是指我善意地看待这个世界，愿意为人们提供力所能及的帮助。我观察和注视这个世界的目光是理解的、支持的和温暖的。我出生在一个普通而平凡的家庭，内在有强烈的助人意愿，所以成为一名心理学工作者，并关注这个世界上的普通人和平凡人。不论和我相遇的人有着怎样的人生故事、遇到过怎样的挫折、处在怎样的情绪状态和烦恼中，我都会尽可能地提供专业的支持。在我的笔下，那些平凡人身上的闪光点，如耳聋后仍然自强不息工作的人，如出租汽车司机放一只菠萝在车里，小城市里售货员的诚实和热情，会被我记录下来，让更多的人看到、体会到自己生活里的温馨和正向能量。很多事情可能微小，容易被人忽略，但当你的目光落在它上面，当你开始思考它的意义时，你会发现它能带给你幸福感。而对那些迷失方向的文化流浪者、那些觉得自己卑微而渺小的人、那些饱受心理疾病折磨的人，我会试图去理解他们，同时想让更多的人理解和看到：在他们的眼睛里，这个世界是怎样的。我想这样的尝试本身对少数群体而言就是一种支持。

促进理解是指我努力促进不同国别的人、不同地域的人相互理解，努力促进人们更深地了解自己，从而有更美好的生活。让不同国别的人理解文化差异、提高对文化差异的敏感性，从而在新文化环境中能更好地适应，这是一个巨大的工程。而让人们更好地理解自己，探索自己行为和感受背后的动因，从而有可能重构对这个世界的理解，或开始新的生活，这是一个更具挑战性的工程。20 多年来，我一直在从事这方面的研究和实践。我也把这种努力和思考带进了我的文字中，所以在一些基本观念上的思考，促使我写下了一系列文章：干净不干净、安全不安全、健康不健康、高效不高效等，这些文章引起了读者热烈的反响和讨论。我也记录了外国人在中国的生活，他们的行为方式、遇到的困惑和应对方式，同样我也写了中国人和外国人的相处和冲突。不论存在怎样的困难、挫折和差异，我总是试图促成不同文化之间人们的相互理解。

即使同处一个文化之内，由于阶层、地域、历史沿革等众多因素的差异，中国人要理解彼此也是非常困难的。我的笔下包括社会各个阶层，但最受读者欢迎的是那些描述“小人物”的故事，包括出租汽车司机的故事、小区水果店老板的故事、小地方人们的生活故事。因为这些故事让这些容易被忽略的群体有机会被看到，让他们被人们所关注。读这些故事，也更容易让人们感受到自己身处幸福之中。

提供温暖是指我会从别人的生命故事中读出爱和温暖。生命如河。每个人的生命之河都有着强烈的个人烙印：或宽或窄，或长或短；或在山涧里嬉戏，或在平原上奔流；或水量丰沛，或枯水断流；或浇灌良田，或旱涝不定；或冰冷刺骨，或暖暖又融融。每个人的生命之河都有自己的特点。

文字是有温度的：有些文字是高温的，可以让读之者热血沸腾；有些文字是寒凉的，越读心越冷、越沉。而在我的感觉里，我的文字是温和的、温暖的。这种温暖来自我对这个世界的善意和信任。多年的心理学训练也使得我喜欢在文字中给读者留有足够的空间，让他们可以透过文字，在自己内心展开工作，就像心理咨询中的自由联想一样。他们可以让文字成为一面镜子，让他们看到自己的多面性；他们可以让文字成为一根手杖，助他们一臂之力；他们可以让文字成为一面鼓或一支笛，吹奏出各种旋律。不论是哪一种，我希望这些文字是流进人们生命之河的温暖。

最后想提一下的是，书中的插图都是我自己涂鸦的作品。那些简单而质朴的线条、构图和色彩，也是我生命中无比重要的事，它们也是我表达自己的方式。

严文华

目 录

干净与不干净

由于一些认知差异，人在社会交往时，每个人看问题的角度不同，有时会激起强烈的情绪反应。

蹲式厕所太脏了？

这一天上到“文化休克”这一讲时，我问大家经历过的文化休克事件。美国学生黛布拉带着一脸嫌恶抢先讲：“我觉得中国有些地方太脏了！”好大一个结论！接着她说起了学校里的蹲式厕所。听了半天我弄懂了，她不是说厕所本身脏，而是上蹲式厕所抽水时水溅到她的鞋子和裤子上她觉得脏。我一时间纠结不已：我是接下去讨论呢，还是跳过这个话题？我没有想到一个淑女可以在全班面前神色自若地谈上厕所这件事情，还连比划带表演。我感觉自己缺乏她那种理直气壮。看到学生们兴奋的神情，我决定还是和学生们讨论一下上厕所这件事情，因为“干净和脏”会是不同文化冲突的基本点之一。

“你觉得怎样的厕所才算是干净的厕所？”我用中立的口吻问道。

“当然是坐式马桶啊！这还用问！”黛布拉的眼睛瞪得很大，觉得我明知故问。

“大多数中国人家里会安装坐式马桶，但在公共场合，会安装蹲式马桶。你有想过为什么吗？”

“中国人没钱？！”另外一个学生答道。

“因为蹲式马桶更卫生哦！”一个中国学生实在忍不住了，“就算安装了坐式马桶，公共厕所里也不会有人坐。”她接着解释了一句，但表情很别扭，让她来谈上厕所这件事情是一件不容易的事情。

“是吗？为什么中国人不坐啊？” 黛布拉很惊讶。

“因为太脏了啊！那么多人用，如果有传染病怎么办？而且阿姨会拿拖地的抹布去拖马桶垫圈。”中国学生好心而耐心地解释道。

“什么传染病？我可是每次都会坐的。”黛布拉的脸皱起来，人马上紧张起来。

“唉，就是这样说说，一般情况下也不会有问题。但我从小就被教育不可以坐。”中国学生安慰她。

“怎么会这样？！怪不得我有时会发现垫圈湿乎乎的！” 黛

布拉脸部表情非常纠结地问。“中国有些地方太脏了，太可怕了！”她小声地嘟囔着。坐她前面的中国学生脸马上拉下来，回头看了看，皱了皱眉，但没有说什么。

看到大家有些敌对情绪了，我请大家拿出一张纸，写下：我观察到的别的文化中不干净的做法或现象。匿名的书写和分享可以减少敌对情绪。

别的文化中不干净的现象

我把这些纸进行了整理，针对同一件事情的放在一起。然后和全班同学分享这些纸上写的内容。

有人写道：“我在德国留学时在学生餐厅吃饭，德国人会把面包直接放在餐厅的桌子上，这在我看来非常不干净。尤其过分的是我们在外野餐时，德国人会把吃的东西随手直接放在石桌上或野餐毯上，让食物直接接触石桌或毯子，不会垫餐巾纸或其他东西。作为中国人，我根本吃不下这样放过的东西！”

有人写：“中国人不论吃什么都用餐巾纸垫放或包裹着，似乎餐巾纸是世界上最干净的东西。但在我们国家大自然是最干净的。餐巾纸本身并不是绝对干净的。”

有人写道：“在美国做交换学生时，我最受不了的一件事情是美国学生会把掉在地上的东西捡起来吃！动作那个顺畅啊，捡起来就直接放嘴里，连灰都不吹一下！不知道小时候妈妈怎么教的！”听完这一段大家笑起来，有一个美国学生说：“只要东西掉地上不超过5秒，就可以捡起来吃掉，这样的东西还来不及沾染细菌。我从小就知道这一点。”

有人写道：“我看到美国人饭前不洗手，坐下来直接就用手拿着面包吃起来，不管之前在做什么！有时候我看见他们用手拿过钱，然后也不洗，直接拿起东西就吃。中国人哪怕是三岁的小孩都知道饭前要洗手。”对这一段，美国学生耸耸肩：“不是所有美国人在所有情况下都这样做。我也见过不洗手的中国人。”

有人写道：“美国人进家门不换拖鞋，我觉得把脏东西都带进去了。这一点没有中国干净。”有美国学生回应道：“整个美国都比较干净，走来走去也不是很脏，房间也定期清洁，不会脏的。”

有人写道：“我到中国来最受不了的事情就是坐公交或地铁时我前面的人头发油油的，有气味不说，还有头皮屑掉在衣服上，让我毛骨悚然，不知这样的人怎么可以出门？在我们韩国，一个人保持清洁是对别人最基本的礼貌。”中国学生说：“这是个别人吧？要运气好才碰得见。”

有人写道：“当我得知我的中国同学不是天天洗澡时，我觉得他好脏。他晚上怎么睡得着呢？我每天要洗两次澡。”从这时开始，已经没有人再做辩解了。大家开始明白：有时，人们看到的并不是全部，只是以点概面。

有人写道：“我的外国同学每次都喷了浓烈的香水进教室污染空气，我觉得是由于他们太脏才会用这么浓的香水来遮盖。”

有人写道：“我和中国同学一起吃饭时，最难过的是他们边吃饭边吐骨头，有时吐鱼骨头吐得很用力，呸—呸—呸地吐，我看得好恶心！在我们国家，进了嘴的东西就不能再吐出来。”

有人写道："中国人最不讲卫生的就是随地吐痰。我觉得这种做法太脏了，好几次我处于危险之中，差点被路人吐到身上。"

有人刚好写了相反的一条："肯定有外国人说中国人吐痰是脏的，我觉得那些把痰咽下去的外国人才脏呢！那些把痰吐到手绢里然后再放回口袋里的人才脏呢！"

有人写："德国人当众擤鼻涕是一件很脏的事情。他们自己不觉得，理所当然，用很大的声音，很响。我最受不了是吃饭时有人来这么一下。在中国很少有人这么做。"……

我们怎么形成脏和干净的观念

因为时间关系，我们停在了这里。我问大家："你们觉得以上观点哪些是正确的、哪些是错误的？"有一个同学说："本来我很清楚什么是干净、什么是脏，但听了大家讲的这些事情后，我有些迷惑了，好像说的都有道理，但又和我的观点不同。"他那种困惑的语气和表情把大家逗笑了。

"有这种困惑是正常的。这是因为每种文化里对什么是干净、什么是脏的界定不同，关注的方面也不同。我想问问大家：脏和干净是绝对的还是相对的？"

大部分人回答是相对的。

"对的，脏和干净是一种主观感受，它是相对的。请大家看看教室里你们是如何放包包的。"环顾四周，大家发现外国学生的包包都放在地上，中国学生的包包都放在椅子上或桌子上。我走到法国学生跟前问："你为什么把你的包放在地上而不放在桌上？”他耸耸肩说：“包是脏的，桌子是干净的，所以放地上。”我问中国学生：“你们的包为什么放桌上而不放地上？”“因为地上是脏的、桌子是干净的，所以包在桌上。”大家再次笑起来。

“这不是绕口令，这是大家的清洁观不同。在有些文化中，土被认为是最干净的，所以洁净的仪式要用土来做。在有些文化中，土被认为是脏的，只有水是干净的。而在有些文化中，静水被认为是脏的，只有活水才是干净的。我们用一种文化中的观点去判断另外一种文化的对错、优劣、好坏，其实就是种族中心主义，也是一种文化不公平。我们需要发展出自己的文化敏感性，需要有一颗开放的心去看待其他文化中的现象，试图去理解为什么会有一些差异。”

黛布拉这时举手说：“老师，我想更正一下我之前的发言。之前我说‘中国太脏’时，不是字面上的意思，而只是一种感叹。我其实想说的是，作为一个美国人，我看到中国有些做法可能是不干净的。但我现在理解了，其实不一定是中国的问题，有可能是我自己的问题。”

“你能有这样的自我察觉是非常棒的。你的前一种说法很容易让别人有情绪上的反应，因为你带了太多的个人情绪，但第二种说法就更开放。大家知道为什么干净和脏这样的话题很容易引起情绪反应吗？”

“因为这是对一个人的判断？”有人试着回答。

“对。因为涉及对人的判断。清洁观是我们从孩提时代就接受的观念之一，它影响我们对人和事情的看法。脏不仅仅是对事物，也可以用来判断人，用来判断观念。如果用来针对人，说一个人是肮脏的，那就是很严重的说法，是一种侮辱。如果说一种想法是肮脏的，那也是一个很致命的判断。触及根本观念的判断常让人们会去防御和守卫。所以大家将来对待这一部分时要更加小心翼翼，否则很容易触怒别人。”

附：

1. 关于干净与不干净的读者小调查

你在多大程度上赞同文中提到的那些观点？

序号	题目	非常不同意		基本不同意		中性或不确定		基本同意		非常同意	
		人数	百分比	人数	百分比	人数	百分比	人数	百分比	人数	百分比
1	面包直接放在桌子上是不干净的。	299	4%	633	10%	963	15%	2415	39%	1835	29%
2	把掉在地上的东西立即捡起来吃是不干净的。	352	5%	630	10%	878	14%	2003	32%	2283	37%
3	进家门不换拖鞋是不干净的。	374	6%	971	15%	1476	24%	1797	29%	1528	24%

2. 读者关于干净不干净的反馈

除了参与读后调查之外，读者们还有很多精彩留言。我把一些留言经过编辑后也附在后面，作为读者观点的呈现。由于保存格式的问题，留言读者的名字无法显现，抱歉，并特此说明。

- 我个人觉得，我们中国人只是比较注重个人的卫生，“独善其身”。而有些国家的人从小就被教育要时刻注重各个方面的卫生，就像是我们的卫生只是小卫生，而他们的卫生是整个国家的卫生。
- 之前一直奇怪为什么美剧里的人不脱鞋就直接上床，到美国之后才发现，在美国，就算在路上走一天，鞋都不会太脏。
- 个人觉得这不是文化差异的问题，而是素质的问题。个别国人存在着严重的素质问题。比如，东西掉地上能不能吃，不能，因为一些人有随手扔垃圾、随地吐痰的恶习。
- 不同人对干净的定义本来就不同，再加上文化差异，这个问题就更复杂了。
- 大自然是最干净的，我也这么认为。
- 从小妈妈就跟我说，尽管桌子擦得很干净，但还是有细菌的带入，所以才用盘子装食物，这种习惯也是从小培养的。掉在地上的东西，一般不会捡起来吃。 因为地上灰尘多，有时出门都要带口罩。 进房间，一般都会换室内鞋子，为什么？这可能是一种自身习惯。 各国的文化不同，要互相尊重吧。
- 我从来不随地吐痰，当然也受不了别人在我面前这样做。可我更不会把痰吐到纸巾里再放在口袋或包里。
- 文化差异存在于这样一个全球化的今天，国与国之间、南方与北方之间都有差异，有时候主观意志让我们自以为是地去判断别人，其实并不恰当。

· 很有意思的文章，这其实就像站在不同角度看待同一个问题一样，结果当然是不同的，没有对错，只有差异。

· 农村大自然的土地和水通常是干净的，城市里的就难说了。

· 太爱干净不一定是好事，适当地接触一些细菌反而能增强人的免疫力。

· 之前看一些国家是用沙子来洗碗的，当时就觉得这样不会越洗越脏吗？他们怎么一点常识都没有，思想如此落后！现在看来，或许是在他们的文化和观念里面，泥土和我们的水一样干净，一样是洗涤的必需品。

· 这个话题一直关乎勤俭、学识、地域文化等，不论从哪个出发点来看，答案都不同。不过就医学、微生物学来看答案就很明显了。“不干不净吃了没病”这样的话还是不要说了。国人受的罪还少吗？

· 文化存在差异，我们应该用包容的心态去看待。

· 以前听高中老师说，日本的卫生做的非常好，相比之下国内就差很多，有许多定居国外的国人回来之后对国人大加批评。现在想来，也许是文化差异所造成的偏见。但无论如何，我们都是中国人，都应该支持我们的祖国。

· 当对一样事物的观点与别人不同时，应去了解和追溯其根源而不是立即去批判，这一点我非常赞同。

· 我觉得，大部分中国人是爱干净的，但是有一些人只会保持自己活动范围内的干净，公共区域脏了就很少主动去打扫，比如公租房的厕所或楼梯。

· 本来我很清楚什么是干净、什么是脏，但听了大家讲的这些事后，我迷惑了，好像说得都有道理，我看还是遵循我们国人的传统美德，提高素质就可以了，不用评判他人是非。

· 我只是不明白，那些表扬外国干净的人，好像觉得外国没有乡村一样，都是马路，都铺了木地板？

· 这个视角真好，想想脏和干净的确也是个人定义的。尤其是放包包的那段，我居然呆呆地看了几遍那段话……

· 我也很讨厌随地吐痰的人。一般都是选择吐在纸上扔进垃圾桶，而且不会当着别人的面吐痰。和不熟悉的人一起用餐时也不会选择味道浓烈的菜（韭菜、蒜薹之类），或者需要吐废弃物的鱼、排骨、鸡爪之类的。话说我也认识一个同学，他们那里刚出生的孩子要用炒过的土擦身体。尊重别人的习惯吧，交往时少一些偏见啦。

· 中国南北生活习惯都有差异，对卫生的定义可能也不太一样，更何况是国家与国家之间。

· 这是很正常的现象，文化不同，思想不同，经济发展不同，受到的教育也不尽相同，因此就会产生文化和生活习惯上的差异。

· 干净与脏，都是相对的，关于干净与脏的感觉都比较主观。一旦涉及对一个人的判断，人有时就分不清事实。

· 干净与脏虽然与观念意识、文化教育、个人习惯等有关，但我们并不能以这些为借口，我们还是要意识到我们国家在卫生方面的不足以及国民素质方面的问题，毕竟随地吐痰、扔垃圾等一些不良行为还是需要改进的。

· 关于食品方面请大家注意，细菌污染、生物污染与化学污染是不同的，放在桌子上就是前者，也是我们通常说的脏，用纸巾隔离是避免这个的，但是劣质纸巾会含有毒化学品。一般说细菌污染是局部的且风险小，化学污染是更需要关注的。

· 掉在地上的东西，看是什么了，如果是面包和饼干之类干的食物那就捡起来吹吹吃了，如果是别的也可能会捡起来洗洗吃了，也有可能会捡起来扔到不会被人踩到的地方，因为从小被教育不能浪费粮食，不能糟蹋粮食；面包不会放在桌子上，认为脏；进家门会换拖鞋；洗脸用流动水，认为活水是干净的；认为乡下的土是干净的，城市的土是脏的。

· 将一个小的细节放大，然后深入探讨，让我看到了思考的魅力。确实，文化差异让我们对脏与干净有自己系统的认识。我们不可以因为自己的认识，而绝对地否定另一种认识。没有绝对的干净。

· 食物掉地上，是分环境的：室内家里或餐厅的干净地上，室外露天环境。会不会捡起来吃，估计取决于要捡的人所处环境和他的主观感受，他看到是干净的，感觉能吃，应该就会捡吧。当然，我们看别人捡食物吃，估计是受到视觉画面冲击和个人心理主导，而不能体会捡食物吃的人的所思所想。一句话是不能感同身受。

· 我觉得一切还是源于不同的思想观念，就像有的人会觉得家里乱就是主人懒，但是我却觉得乱点才有人气，才是平常的生活，自己明白东西在哪就不算乱。

· 我认为这不完全是文化差异，更多的是环境因素。有些小伙伴说了，在美国走一天鞋子都不会脏，在中国的一些地方，走几步路，鞋子就脏了，这就是环境因素。如果一张桌子，刚刚擦洗干净，面包放在上面，又有何不可？说到底，环境塑造了文化，文化影响着环境。

· 不去评论哪种习惯是对是错，因为“对”与“错”也是相对而言的。只能说不同的文化造就了不同的观念，而这些观念能在各个不同的文化中适用。

- 在法国，法国人买了法棍后确实是会直接放在车后座上，那可是屁股坐过的地方……法国人无论男女进门后确实是把包很自然地放在脚边地上。
- 我比较喜欢文中提到的“土是神圣的，活水是干净的”。

安全与不安全

不安全的中国交通

在外国人眼中，中国最不安全的是交通。“我不知道该怎么走路了。绿灯时，我以为该我走了，但我同时看到几辆助力车横穿过来。我只好不动了。红灯时我自然没法走了。这样过一个路口就要很久。”这是很多刚来中国的留学生的感受。还有一个留学生说：“我在路边停下来，因为我不知道该如何走。我看不懂中国的交通规则，每个人好像都有不同的规则。环顾四周，似乎除了我之外，别人都能懂这些规则，因为没有人因这些规则的冲突而受伤。我的感觉非常不好。”还有一个韩国学生和我一起过马路时，指着右拐车辆问我：“绿灯亮了，应该是我们走，为什么这些车要走？”我跟他说大部分路口右拐车辆是随时可以走的，不受红绿灯限制。他非常惊讶地反问：“这样行人不就很危险了吗？”当时我对他的这种说法也很惊讶，“难道韩国右拐车辆也要按指示灯走？”他点头。后来去了韩国，发现确实如此，绿灯一亮就是行人的天下，没有任何车子可以过，行人确实不必有任何担忧。

有一个从莫斯科来的留学生，在我们学校侧门过马路，过了20分钟没有过去，因为没有一辆车愿意停下来等他过马路，他需要走到马路上逼停汽车，然后步步惊心地过马路。“太危险了！”他心有余悸，竟萌生了更换留学学校的念头。“我每天都要穿过这条马路，如果要我付出生命的代价过马路，这个代价太高了！”他说道。

11月的时候，我陪一位美国教授在校园里走。短短几百米路，他至少惊呼了三次“太危险了！”第一次是在我们前面几米处有一辆电动三轮车，看样子是送快递的，上面大大小小、高高低低垒着无数的箱子。“啪”的一声，一个箱子掉了下来，吓了我们一跳。“Jesus! 怎么可以装这么多货物呢？车胎都压瘪了。太危险了！”我跟教授解释“双十一”购物狂潮引发快递剧增之事，他还是摇头，“要是货物砸在人身上怎么办？要是货物摔坏怎么办？要是后面的车把货物碾压了怎么办？”第二次是我们走在桥上时，一辆摩托车从我们身后窜出来，因桥面有些窄，所以这辆车是贴着我们的身呼啸而过，教授吓出一身冷汗，停在那里有几秒钟不能动，等他理解发生了什么，他非常生气，甚至骂“shit!”他的身体都有些抖：“太危险了！他怎么可以这样骑车？！他难道不可以降低速度吗？他难道不可以下车推行吗？”第三次是我们经过一个丁字路口，一辆电动自行车没有任何减速、示警或示意地左拐，正在直行的一辆汽车紧急刹车，电动车拐了一个大大的、有些优美的弧线，扬长而去。稍后，紧急刹车的汽车又重新开起来，司机淡定得就像没有发生什么一样。美国教授在那里看得目瞪口呆：“My God! 双方竟然都不用停下来？刚才那个人太危险了！要不是汽车的速度慢、司机反应快，肯定就撞上了。” 停了一下他又说：“校园里这样不是很容易发生事故吗？”我倒是没有听到过什么恶性交通事故，他很有些迷惑不解：“是那些骑车的人车技高超？还是你们非常善于避让这些车？”

裸骑自行车危险

有一位德国学生，他急着去办事，我们借给他一辆自行车，他拒绝骑，因为他的头盔放在宿舍没有带来。“不戴头盔怎么能骑自行车呢？太危险了！我们那里三岁的小孩骑脚踏车也会戴头盔的。”还有一天他的头盔在身边，但他仍然拒绝骑我们借给他的自行车，“这辆车没有尾灯，没有反光条，晚上骑太危险啦！”他指着自行车说。有一个学生自告奋勇地提出骑车带他去办事，他震惊了：“你不知道自行车不能载人吗？载人上路是一件多么危险的事情！”他的话震惊到其他人，后来大家就不跟他提骑车这件事情了。

修路方式陷行人于危险中

“这样修路太危险了！”一位德国留学生指着校门外的修路工人说。这些工人正在重新铺设人行道的瓷砖，他们把原先的砖全部撬掉，然后铺新砖在上面。“怎么危险？”我看不到危险。“他们不给行人留任何空间，行人只能走到机动车道上，这样对行人太危险。如果行人出事，修路工人需要负责的。”“那你觉得应该怎么修路？”“在德国，不论任何时候，只要修路，一定要留出供行人通行的道。我们学校门口修路，修了一年多，不论修成怎样，修路工人都会留出一条道供行人通行。有时这会耽误他们的进度，有时他们这样做会不方便，但不论怎样，这是他们必须做的。”

竹子脚手架危险

“你们的脚手架太危险了！怎么可以用竹子来搭脚手架呢？！”法国学生胆战心惊地穿过正在装修的楼下。“没来上海之前，我怎么都想象不到脚手架居然可以用这种东西搭成。它的承重是多少？会掉下来吗？”当我们向他解释竹子很结实时，他反问：“那有做过测试吗？国家有规定吗？行业有规定吗？”我们无法回答，但我们确信：竹子确实很结实。后来脚手架拆除的过程让这个法国学生连呼“太危险了！”工人们是把竹子从高处直接往下扔的，不光有巨大的噪音，而且一根一根的竹子横七竖八地纠缠在一起，看得人胆战心惊。

我在国外也看到过各种不安全的事，至少在中国人看来是不安全的事情。

无人照看的孩子和行李安全吗

在芬兰旅游时，我们坐了一趟火车。女儿和邻座的孩子很快打成了一片。两个人语言不通，这并不妨碍两个孩子手拉手到处跑。那个孩子拉着女儿要去另外的车厢，家长跟我解释："火车上专门有给孩子设立的游戏车厢，我女儿想去那里。"好新奇，然后我跟着去看。果真有一节车厢专门是给孩子们游乐的，有给大孩子玩的滑滑梯，有给小孩子爬的地方。没有几个家长在，全是孩子自己在玩。"孩子自己在这里玩安全吗？家长不担心自己的孩子受欺负或有人拐走孩子吗？"我有些担心地问。"很安全啊！为什么要担心？！"那个家长很奇怪地反问。"我们两家人都过来了，我们的行李还放在那节车厢，安全吗？"我又问。"没有人会对我们的行李感兴趣的。"那个家长耸耸肩。在几个小时的旅程中，孩子们一直在这节车厢里玩，我的心不时要跑到行李上。我觉得最糟糕的结果就是我们下车时找不着行李了。但等我们下车回到那节车厢时，行李好好地在那里。

自寄自取的行李安全吗

还是和行李有关。在欧洲旅行时，我曾是背包客，投宿青年旅社。我经常需要把行李寄存在旅社里，而很多旅社的寄存方式让我非常不放心：前台工作人员只是让我把行李放进一间行李房里，不给我任何单子填，也不需要我留任何个人信息，只是放在那里，取的时候我只需要自己打开门，把行李拿出来就可以了，不用凭单据，不用核对身份信息。我一直觉得这样的做法太不安全，既觉得自己的行李不安全，也觉得别人的行李不安全。但似乎所有的人都习惯了这样做，没有人像我一样有不安感。似乎没有发生过有人丢失行李的情况。

让住客自行付账安全吗?

还是在北欧旅行时，有一次住在一个家庭旅馆中。当我告诉主人第二天我要结账时，他告诉我他们一家人明天要出去度假，我只需要自己把钱放在桌子上、走的时候把门带上就可以了。“只是这样吗？你确定只是这么简单吗？”我非常不确信。“还需要做什么呢？”主人反而是有些困惑了。看来主人家不止一次做这些事情了。“就没有人赖账吗？你不担心有人拿了你家的东西走吗？这样会不会太不安全？”我一口气问了好几个问题。“你会赖账吗？你会拿我家东西吗？”主人反问。“当然不会！”我严正申明。“别人也不会。”主人笑了。一方面我感动于主人对我的信任，可另一方面，我总觉得这样做太不安全了！他们怎么识别坏人和好人？难道他们有特殊的检验方式，看几眼就知道谁是好人？他们怎么知道谁会付账、谁不会付账？

掐着点出门来得及吗

在德国，朋友送我去火车站。从一大早起来我就催着她出门，结果她不慌不忙，查看了轻轨时刻表，胸有成竹地告诉我："提前半小时出门就可以。"我觉得她肯定弄错了，这么远的距离、还要进火车站、还要验票，时间怎么够呢？就算够，这么短的时间不会太赶？我一点儿安全感都没有。结果，我们走到轻轨站台，轻轨就来了。轻轨是开进火车站的。火车站是不用检票进站的，直接拿着票就上车了。朋友带我刚站在站台上，列车就停下来了，而且刚好是我要乘坐的那节车厢。我觉得是我们运气好，才会这么凑巧，才能赶上火车。德国朋友随口说："我们每天的生活都是这样的，掐着点出门，掐着点做事。"

孩子在游乐场疯玩安全吗

在德国随处可见孩子们玩耍的游乐场，居民小区里、商场里、学校附近都有。我发现这些游乐场有两个特点：一是经常只看见孩子、看不见家长。孩子们自己在里面疯玩，很少看到有大人在管。孩子们在里面玩得很疯，我见过一堆孩子在沙坑里比赛扬沙子，孩子们把沙子扬得漫天飞舞，每个孩子都是一头、一身的沙子，没有看到大人出来阻止孩子。那一阵，不论怎么洗澡，女儿的床上总是有沙子。孩子们发生争执、打闹，通常也是自己解决。二是有些游戏设施还是具有一定挑战性和危险性的，如果是在中国，家长一定不放心让孩子去玩，比如我见过一种巨大的圆盘，上面可以坐好几个孩子，另外一些孩子在下面推，使的力越大，圆盘就转得越快，我看得胆战心惊，觉得上面的小孩随时可能掉下来，坐在上面的孩子一边尖叫着一边让下面的人推得再快些。还有一些攀爬的架子，小孩上去没有任何保护的话也很容易摔倒或掉下来。但似乎没有孩子和家长担心这些问题，只要天气好，永远都会有孩子在那里笑闹玩耍。

孩子受伤后家长的反应

德国学校里也会做各种游戏，孩子们奔来跑去玩得不亦乐乎。我有时候觉得孩子们的速度太快、打闹得没有限度，老师们难道不担心孩子们会磕着碰着吗？难道不考虑安全性吗？一位朋友放学去接孩子时，发现孩子受伤了，卫生老师已经处理了，膝盖那里贴着一大块胶布。裤子因为已经被摔破，所以老师给她换了一条。从裤子破损的程度和上面的血迹来看，伤得不轻。我看到之后很吃惊，想着朋友一定会马上带孩子去医院，结果她轻描淡写地告诉我："卫生老师很专业的。24 小时后我带她去药店再换一次胶布就可以了。""真的不要去检查一下吗？会不会留疤？""不要紧，老师说了，是孩子们做游戏追逐时摔的，当时卫生老师做过检查了。小孩子愈合能力很强的，这种胶布相当于外科小手术。"朋友完全是小事一桩的神情，和国内家长面对孩子受伤状况时的焦虑紧张完全不同，也完全没有想到要追究老师的责任。后来等孩子去掉胶布后我才发现：孩子当时伤得不轻，按中国国内的做法，肯定要去医院缝几针的。胶布的功能虽然强大，但皮肤上还是留下来淡淡的疤痕。朋友却不以为然，说长长会好的。她仍然听任孩子天天疯玩。

和吸毒的人同住安全吗

在美国时去大学生宿舍，刚一走进楼道，和我一起的中国留学生马上吸吸鼻子、皱起眉头说："又有人吸毒了。"我吓了一跳，马上问："要报警吗？"她耸耸肩说："可能只是大麻。不用管了。刚来时有人告诉我空气中这种气味就是毒品，我也像你一样吓了一跳。和父母视频时随口说了这件事情，结果我父母紧张得要命，说我和瘾君子住在一起，那还得了！说这些人毒瘾上来了什么事情都干得出来，他们为此整天提心吊胆，逼着我换宿舍。这不，我换到这里了。但我发现这里仍然有这种气味。只是这次我没有再和父母提这件事情。我和美国同学交流过这件事情，他们觉得如果只是吸食大麻，不算严格意义上的毒品，只是一种吸烟。在中国人眼中，只要沾了这些东西，就会成瘾，就会家破人亡、妻离子散、永世沉沦，是非常危险的。但在一些美国大学生的眼中，他们只是在尝试新的事物，可能确实有人会因此成瘾，但也有人只是尝试会就此决定不再吸食。好像在这里人们不把吸食大麻看成非常危险的事情。"

被警戒出的不安全感?

有一次去南非开会，在它最大的城市约翰内斯堡，晚上参加了活动从宾馆出来，因为离住地只有步行10分钟的路，所以想走回去，但门口的保安拦住我和同事说："建议你们坐出租车回去。晚上太不安全了！"宾馆门口的出租车要很高的价格，于是我们想走到街上去叫出租车，但巡警过来跟我们说："你们还是到宾馆门口坐车更安全。你们在这里站着拦车很有可能成为犯罪分子的目标，太不安全。"我们于是只好坐了高价出租车回住地。无比怀念在上海拥有的安全感。我可以自由地想到哪里就到哪里，不用考虑是在白天还是晚上，不用担心安全问题。后来白天我们去市里逛，路上向巡警问路，他不仅指了路，还非常严肃地跟我们说："建议你们把照相机和地图放进包里而不是拿在手上。现在你们这样一手拿地图、一手拿相机是在向别人昭示你们是游客。"散漫的我们心生警惕，一下子收敛许多。其实并不是我们真的遇到了什么危险，而是被不停地这样警戒之后，自然心生警惕。

安全不安全的观念，是被我们的社会文化环境塑造出来的。我们也会根据这些观念来采取行动。安全感更会变成一件带有主观色彩的事情，而不是纯粹客观的事情。从这个意义上说，很难说哪一种文化中的做法更安全，或哪一方的做法更不安全。安全感和整个社会文化镶嵌在一起。在一个新文化中适应得好，其标志之一就是和当地人一样拥有安全感。

健康与不健康

我注意到外国人和中国人的一个重大差异是在健康观上。中国人的一些做法，外国人认为是不健康的，而外国人的一些做法，中国人也认为是不健康的。

冷的和热的

一个有趣的争论是冷的饮料、食物更健康还是热的更健康。

在欧美很多国家，人们习惯饮用冷的甚至是冰的饮料，喝水是喝冷水，喝可乐是冰可乐。“我最无法容忍的是他们的牛奶是从冰箱里拿出来，直接倒进杯子里就喝。”一位中国妈妈说。她的孩子参加了游学项目，她每天和儿子视频，当儿子向她展示白己的早餐后，她向主办方投诉了寄宿家庭，说这家人懒到早晨都不给孩子热牛奶，餐桌上的东西全都是冷的，从面包、奶酪、黄油到橙汁和牛奶。女主人则一脸委屈：“我们都是喝冰牛奶啊！全家人都这样喝！我们的早餐习惯吃冷的。”

我刚到德国时，几乎每天晚饭后都会和房东老太太有一段对话：“请给我一杯开水好吗？”“你是要泡茶吗？”老太太狐疑地问。“不，我不喝茶。我要开水。”老太太接着问：“那你是要喝咖啡吗？”“不，我不喝咖啡，我要开水。”至少过了一个星期，她才接受这一点：开水也是可以直接喝的，不用放茶叶、不用放咖啡、不用放牛奶。每次端给我时，她都会非常不理解地看看我，不知道我为什么会喝这种东西。

而一位美国朋友来中国去了咖啡吧，他瞪大眼睛看着菜单，不敢相信自己的眼睛，那上面写着：“热 / 冰可乐”，“可乐难道可以喝热的吗？”他充满好奇心地点了这个。上来后，果真是热的。他不解地问服务员为什么会有热可乐，怎么加热的？服务员热心地告诉他：“有些人胃不好，不能喝冷的，所以我们是应客人的要求提供热可乐的。我们是把整个铝罐放进热水里泡了一下。你放心，气泡一点儿都没有损失。”美国朋友说他会把这个信息发在 Facebook 上，相信转发率会很高，因为美国人绝对会认为这是新闻。“可乐公司也一定想不到自己的产品在中国会被加热饮用。在美国可乐是和冰联系在一起的。”他感叹道。

一个美国朋友在家里办派对，我们进门时看到他刚把一瓶还没有启封的葡萄酒扔进垃圾桶。我惊讶地问他为什么，他说：“我忘记把这瓶酒放进冰桶里了，厨房有夕晒，晒了好几个小时，这瓶酒肯定不好喝了。”我们都觉得他太夸张、太浪费，他却耸耸肩说：“我是个很环保的人，但我不会喝这种‘热’酒。”我告诉他中国人喝黄酒时需要加热，要趁热喝，另外一个中国人说：“我们家乡那里喝米酒也会加热。”他听得很新奇，但坚决不把那瓶被晒过的葡萄酒捡起来。

我曾经历过一次关于冷的还是热的食物更健康的争论。带女儿在芬兰旅行时，女儿肠胃不舒服，带她去医院看，被诊断为疑似阑尾炎，需要观察并控制饮食，随时准备手术。医生建议最好等到周一再做手术，这样就可以做微创，而周末只能做常规手术，恢复起来更慢。女儿又痛又饿，可怜极了。我去找医生商量，商量的结果是女儿只能吃医院提供的食物。护士端过来半杯橙汁和两小片面包。我伸手一摸，橙汁和面包都是冰的。“你们给病人吃冷的东西？”我瞪大眼睛问。护士笑眯眯地点头。我非常怀疑这些冷的东西会加重女儿的肠胃负担，迟疑着，女儿却饿得抓起来就吃了。我小心翼翼地观察，没有发现病情恶化，但也没有看到她好转。晚上女儿仍然被禁食，但她安安稳稳地睡了一觉。第二天主治大夫来检查，宣布说不用手术了，只要调理一下就可以出院了。女儿饿得快要晕过去了，我弄来一碗热粥给她吃，想着禁食后的肠胃比较虚弱，要慢慢恢复正常饮食。女儿大口大口吃得好香甜。结果护士看到了，马上去叫了大夫过来，大夫跟我说：“孩子禁食一天了，现在最好先吃冷的东西，喝点冰牛奶、冰橙汁，吃点面包，这对肠胃比较好。”我跟他解释：“我女儿是中国人，她的肠胃是中国人的肠胃，中国人习惯在生病时吃热的东西。”大夫还是坚持要吃冷的。正说着，女儿一下子喷射性呕吐，所有的人都忙着收拾处理。大夫说："这下你必须听我的了，起码在医院期间，我们要给她吃冷的。"于是护士又端过来前一次一样的东西。女儿吃下去，没有吐。但我很不服气，我觉得女儿之前吐，不是因为食物是热的，而是她吃得太急。胃空了太久，吃得急了，而且又吃得太多，很容易吐的。那一次经历之后，我一直在想，如果有一个外国孩子因为肠胃问题在中国住院，母亲给这个孩子吃冷面包、喝冰牛奶，不仅医生护士要说这个妈妈，周围人也要说这个妈妈心肠有问题、脑子有问题，但在芬兰，家长就是这样做的，因为在这个国家，人们认为这样的食物更有利于病人。

生的和熟的

另外一个有趣的争论是生的食物更健康还是熟的更健康。

"在中国吃不到健康的食物，所以我特别想念家乡的那些健康食物。"一个澳大利亚学生说。我很吃惊。在中国怎么会没有健康食物呢？就问她哪些是健康食物。"哦，是沙拉、奶酪这样的食物。"她认为生的蔬菜、奶制品更健康。

而很多中国人认为吃熟的东西更健康。在国外，中国留学生在超市买了沙拉的原料，回去后也是加工煮熟后再吃。他们常开玩笑说那些生的菜是给兔子吃的，中国人的胃消化不了这些生的东西，当然是吃熟的东西更健康。

我们在英国参观大英博物馆时，为了节省时间，中午就在博物馆餐厅里就餐。我点了看上去最便宜、最简单的一道咸熏肉配面包。上来的时候，我吃惊地看到：一片一片铺在板上的肉片，居然是生的！而且是生的五花肉片！肥肥的泛着油光。难道要把这个夹在面包里吃？服务员点点头，告诉我很好吃的。我无法直视那一片一片油光闪亮的生肉，只能转过头去啃面包。没知识就是可怕，点了餐却无法吃进嘴里——点餐时我根本没有看懂肉是生的。同行的英国朋友惊讶地问："你们中国人不是吃生的肉吗？"我没有吃过啊！英国朋友在脑子里搜索了半天说："那个醉虾不就是生的吗？我第一次在中国餐桌上见到这道菜时吓得心都停跳了两次，因为有两只虾在盘子里跳了起来，而同桌的人马上就夹起这两只虾放进嘴里，说这是最新鲜的。"我没办法解释清楚为什么中国人可以吃醉虾、但少有人吃生猪肉，只能无语。

补充营养素还是补充食物

一位从美国回来的海归朋友，有一个习惯就是早餐前、晚饭后要吃一堆营养药丸。她不停地给我们普及："你们也应该补充这些营养。喏，这是维生素，这是钙片，这是鱼肝油，这是大蒜素，这是蛋白粉，这是年龄过了35岁的女性应该吃的营养剂……"她说这是很多美国人的习惯，每天要吃保健品，这样会更健康。我们问她有些东西，如大蒜为什么不从食物里直接补充？她说吃保健品更健康。可是在我们看来，食补的方法更健康。只有在食物中无法补充的那些营养或补充不够的营养，才需要靠额外的保健品来补充。

穿得多还是穿得少

还有一些健康观是和穿衣有关的。寒冬腊月我给留学生上课。我穿着羽绒服，而欧美留学生在短袖 T 恤外面套了一件夹克。刚进教室，他们就央求我去物业办公室借空调遥控器。“太冷了！”他们做出瑟瑟发抖的惨状，实际上他们也冻得不轻。我借来了遥控器，打开了空调，他们一个劲儿让把温度开高一点。我好奇地问他们为什么不多穿一点？他们说少穿一点更健康。他们习惯了进屋就有空调，走在路上虽然冷，但不会在室外待太久，所以不愿意穿太多。

空调温度高或低

而有趣的是，夏天的时候美国人喜欢把空调开得很低，有时候会是 18 度。在一些房间里待久了，我会冷到透心凉，不得不穿上毛衣，或者到室外暖和一会儿再进去。我纳闷他们为什么把温度开这么低，很多美国人都说习惯了，说这样一年四季可以穿差不多的衣服。我告诉他们中国的理念是室外和室内温度相差不超过五度最健康、最环保，他们听了说很好，但却少有人实施。永远的 18 度在美国深入人心。

锻炼身体有多重要

说到健康，可能还要提到锻炼身体。我认识的一个美国人，经常要在世界各国出差，他订宾馆的一个要求是：要么宾馆有游泳池，要么宾馆附近有游泳池。为此他需要花更多时间来查询、确定，有时候宾馆住宿费超标他得自己多花钱，有时候他无法和同事住在一起，工作时他需要起得更早、也更麻烦，但他坚持这样做，因为他每天都要游泳至少一个小时。他一直说锻炼身体对健康非常重要。

中国人忙起来的时候首先被砍掉的时间是锻炼的时间，但很多欧美人是把锻炼身体放在第一位的，可以砍掉其他事情，但不能不锻炼。有一次和一个团队出去做项目。中国人到了宾馆之后第一件事情就是到附近去寻找美食，因为一路上饿坏了，而同一个团队的德国人则去了健身房，请我们帮他打包吃的。

一位嫁到澳大利亚的闺蜜说："我到了澳大利亚什么都习惯，只有一件事情不习惯：周末没法睡懒觉。我平时上班也挺紧张的，想着到了周末好好补个觉，结果被老公拖起来去锻炼身体。本来他自己就有这个习惯，现在一定要我也这样做。还说澳大利亚人都习惯运动，我不能太懒。我发现周围的人确实个个都有自己坚持的运动项目。刚开始时我根本跑不下来，觉得周围跑步的人都有点变态，个个都像是马拉松专业选手。现在我能够跑下来了，但跑得很慢。以前我在国内设定的健身目标是一天走一万步，当时觉得自己已经是健身达人，现在和周围的澳大利亚人比比，我那根本不是健身计划，充其量是一个走路计划。这里的人在健身方面花的时间比很多中国人要多，他们的运动强度更大、锻炼频率更高，为了健身也更舍得花钱投资。"

用健身中心吸引新生

我曾帮助接待过一个参加美国高中交换生项目的学生。和那些高中生聊天时知道他们正在申请大学，我就问他们怎么选择想去的学校，除了学校排名、专业等，有一个学生说："我要看学校是否有健身中心、开设哪些项目、开放时间、是否有教练等。"我听得很新奇，结果周围的学生都纷纷点头，并且补充更多的信息："我早就查过了，我申请的那个学校在校园里建了一个攀岩墙，难度系数很高，我一定要去攀一次。""本来有两个学校我都在考虑，后来我查了一下，有一个学校假期健身中心也开放，我就申请了这所学校。"用健身中心来吸引学生，可以看出美国人多重视健身了。

健康观是一个人的基本观念之一。有些健康观源于正规教育、知识和学习，而有些则是在耳濡目染过程中形成的。一旦形成则不会轻易改变，而且言行举止皆按其行。如果健康观受到挑战，本能的反应则是捍卫自己的健康观。如果能够多一双文化的"眼镜"看到自己在坚持什么、为什么坚持，可以帮助我们更好地理解其他文化中那些"奇怪"的健康观。

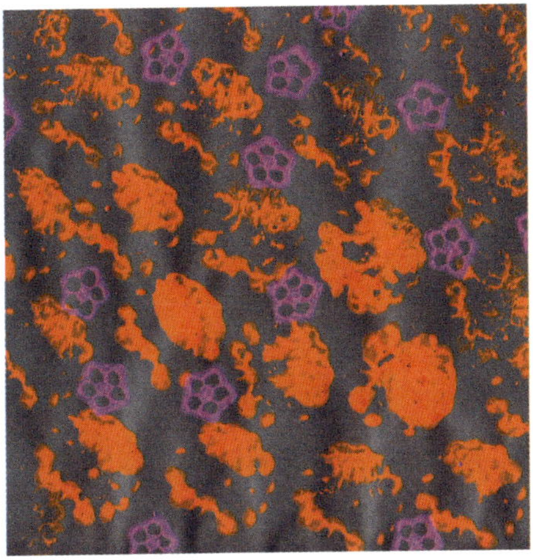

高效与不高效
——不同文化中的时间观念

常年浸淫在跨文化的教学、研究和实践中，我察觉到不同文化中的人对时间有不同的理解，包括时间是否具有弹性，怎样做事情算是高效的，什么事情最重要，怎样利用时间，怎样过周末。根据对时间的不同理解，他们的行为也因此不同。

时间的弹性

中国人眼中的时间是有巨大弹性的，而决定这个弹性有多大的关键因素是人际关系。如果关系不好，话不投机半句多，所以只待几秒钟就已经厌烦了，谈话就可以结束了。这时用来计算时间的基本单元是秒。如果关系很好，一日不见如隔三秋，这时用来计算时间的基本单元是日和季节，谈话时间可以被拉得很长。正由于这种弹性，所以很多中国的聚会或约会都是只确定开始的时间，而不确定结束的时间。这样，宾主可以根据谈得是否投缘来决定聚会要多长时间。如果氛围不好，自然早点结束；如果氛围好，可以宾主尽欢、欢饮达旦。这种弹性贯穿在生活的各个方面，它使得中国社会的人际关系充满了灵活性。

与此形成鲜明对比的是德国时间。德国时间是用分钟作为基本单位的，不论是企业里的高管还是家庭主妇，人人手里都有一个日程表，每天的活动尽可能照日程表来运作。学生要见老师，不是像在中国一样直接敲开老师办公室的门，而通常是先和秘书预约时间后和老师见面。我刚到德国时需要买保险，看到一个保险公司代理人的办公室就直接走进去咨询一些信息。在中国如果有人主动上门购买保险，保险代理人会非常高兴地迎上来介绍信息、推销产品。但那位女士问我几个简单的问题后，马上告诉我："对不起，我现在不能接待你，因为你没有预约。您可以先去预约一个时间，然后我们再谈。他们还等着我。"她用手一指，我才发现房间靠窗一侧的椅子上已经坐了三四个人。我赶紧道歉后退出来。我其实只是想咨询几个问题，并不一定要买这家的保险啊！就这还需要预约？我只能放弃。

那时女儿在德国上小学，有一次我和一位家长商量能否轮换着去接小孩放学，这样大家都可以节省一些时间。她马上掏出一份时间表细细看，告诉我接下来半年她能够接孩子的时间。她是护士，需要三班倒，但她居然已经知道自己半年内的排班了！提前了这么多！

在德国安排事情，必须有明确的起点和终点。开一个会，必须要写清楚是几点几分开始、几点几分结束。如果写的是九点五分开会，那九点五分就是会议开始的时间，而不是参与者到场的时间。之所以不是九点整开会，那是因为之前一个会议刚结束，需要五分钟整理会议室。所以前一个会议也必须准点结束。我有一次访谈一个企业高管，提前和他约好了访谈时间，我提前五分钟到，准时开始访谈，访谈时我发现他讲的内容很有深度，就多问了几个问题，结果快到结束时间了我还有几个问题没有问完。我就试着和他商量能否延长几分钟，他微笑着摇摇头，告诉我下面已经安排好了事情。所有的活动都需要按时间结束。在德国通常时间是没有弹性的，人人都运行在精准的钟表上。

不光大人这样，孩子们也有很明确的时间观。那时上一年级的女儿请了小朋友们来家里玩，我提前和家长们说好了几点几分来接。到了时间，家长们准时出现，孩子们正玩得起劲，一个个满头大汗地满世界疯跑，我正在跟家长商量是否让孩子们再玩一会儿，家长们一声声呼唤起自己的孩子，孩子们满脸淌着汗到了家长跟前，和我们道别，然后离开，前后不超过五分钟，满院子的孩子都离开了。没有孩子吵着闹着不肯回家的。孩子们似乎习惯了时间的约束。

怎样做事情是最有效的

中国人会同时做好几件事情，人们把几件事情齐头并进看作高效。通常一个人会身兼数职，一个人会参与到不同的项目中，一个人手上同时有几件事情在做。在中国我常遇到一些开发出一心多用功能的高人，他们可能一边在电脑上打东西，一边还通着电话，同时眼睛还瞄着桌上的文件，一只耳朵还听着喇叭里播放的音乐。还有一次我去一家公司办事，接待人员正在接电话，她一边和电话那头的人沟通，一边用眼神示意排在我前面的人把文件递给她，翻看文件后用即时贴写了一个编号，然后把文件流转到旁边的柜台上，示意我把材料递给她。她同时还记下了电话里的一些信息。她一个人同时接待了三个人！

而德国人同一时间只做一件事情，同一时间只接待一个人。他们认为这样做是最高效的。在德国时我曾有一次突然生病。一大早起来就发现自己不对劲，但我知道没有预约就去看病有可能看不上。犹豫一下还是给私人医生去了电话，接待员告诉我："您可以来，如果您非常不舒服，我可以请医生先帮您紧急处理一下，但只有医生看完上午的预约病人之后，她才有时间给您看病。"我赶过去了。医生让护士先给我测一下体温，发现我有发烧之后就让我先进观察室躺着休息，其间她来巡视过一次，但只停留了一两分钟，一直到两个多小时后才轮到我。她坚持同一时间只服务一个病人，而且按预约顺序来。在德国的各个服务场所都可以看到这种场景。很多次在宾馆我都看到过这样的场景：接待人员为前面一个客人办入住时，要等给客人办完所有手续后才会接待下一个客人，包括耐心地等打印机打印出确认单。而中国宾馆常见的做法是：在等待打印机的时间里，接待人员会开始办理下一位客人的业务，等打印机打印完成，再顺手撕下来交给等在一旁的上一位客人签字。两位客人对此都没有意见，如果都是中国人的话。我曾见过在中国宾馆里当接待人员这样做时，外国客人非常不满地说："我的手续还没有办完！"在他们的理解中，接待人员一次只接待一个人，而现在同时接待两个人，就是对自己的不尊重。在中国各种服务窗口，我们常见到会有人不时地凑到前面去问一个简短的问题，得到信息后快速离去，其他排队的人不会指责其插队，工作人员也不会因其没有排队而不为其提供服务，因为他们可能只是问一些信息而已。但在德国这样做就行不通。哪怕你只是问一下非常简单的问题，只花十秒钟，对不起，你也得排队，因为工作人员一次只服务一个人，而且按先来后到的顺序提供服务。

在中国的单位里，常有一个人身兼数职、一个人同时参与好几个项目中的情况。大家对此习以为常，常用"能者多劳"来形容这种状况。在校园里也有这样的人，他们会参与各种各样的项目中，他们也被大家认为是有能力的人。有一家中德合资企业做校园招聘时，之前的面试就选出一批这样的有各种项目经验的学生进入高管终面。没有想到德国面试官看到应聘者丰富经历的简历后，会充满怀疑地问应聘者："你大学期间参加了这么多项目，花了很多时间，但这些项目相互之间都没有关联，你真的知道你想要什么吗？"那些回答"因为这些项目很锻炼能力"的应聘者都没能通过终面，反而倒是一个不起眼的应聘者脱颖而出，她没有做太多项目，但每个项目和她的目标都有明确关系，而且她提到了自己的爱好：长跑。爱好本来是很常见的，但在面试官们的提问之下，她的这个爱好为她加分不少。她谈到自己大学三年多她从未间断过长跑，尽管这中间发生了很多事情、她遇到了很多困难。谈起这个爱好时她两眼发亮，一口气讲了很多自己的感受。最终她拿到录用通知。德国面试官觉得她是一个目标明确、能够专注做事、具有毅力和持久力的人，不像其他人那么浮躁，而且她更会管理时间、更有效地利用时间。

这件事情其实反映了中、德双方在怎样做才是高效的这一点上有不同看法。很多中国在校学生和面试官都认为大学生要有丰富的项目经历或名企实习经历，所以学生们会花很多时间去蹭经历，一个时间段里可能做好几件事情，让自己的简历看上去金光闪闪，而德国人则看重做事情的专注性，一个时间段里做好一件事情就是高效。

不光德国人是这样，美国人也是这样。新的学期开学，我把需要阅读的数本书带到教室，告诉学生们这学期要看哪些书的哪些章节。中国学生把所有书抱到复印间，把所有要读的内容全部复印好、装订好，回到班里一人一本，然后再收钱，一次性搞定。我给美国学生上课时，也是把书带进教室里，请学生们复印好后把书还给我。结果课代表同学把所有的书抱回自己宿舍，讲到哪一个主题他就复印哪一章带到班里，每周都要去复印间，每周都要花时间发材料、收钱。我非常惊讶这样的做法，因为没有中国学生这样做过，这样不是太麻烦了吗？但全班同学都甘之如饴，没有人觉得不方便。

把什么排在第一位

在对时间的利用方面，不同文化背景的人排在最前面的事情是不一样的。不同文化背景的人在一起做事情时，就有可能因为这个排序不一样而难以合作。我曾带过一个中法学生混合的班级。在开学初我就把学生分成不同小组让其完成小组课堂报告，每个小组里都有中国学生和法国学生。有一个小组做得不好，所以整个小组成绩不好。公布成绩后，这个小组的中国学生找我诉苦："不是我们不努力，是法国学生太不给力！"最终我弄清楚：中国学生习惯把学习排在第一位，先确定了学习的时间再来安排其他事情，所以他们早早就和法国学生商量一起碰面讨论课堂报告的时间。而法国学生把个人事务排在第一位，在大家提出的碰面时间里法国学生总有事：要去见朋友、要逛街、要去酒吧，甚至还有人说早上要睡懒觉，没法上午见面。最终大家一次面都没有见成，是通过邮件把任务作了分配，然后由一个人作了整合。中国学生对此非常不满。我找法国学生询问，他们说："我们很忙的。大家很难找到统一的时间，因为每个人的安排都不一样。为什么一定要碰面呢？中国学生花了太多的时间来安排碰面时间，可直接分工去做不是挺好吗？如果早一点分工，我们小组肯定会做得更好。"对事情重要性的排序不一致导致他们合作有困难。而他们并没有及时意识并处理到这一点，所以后来大家带了相互埋怨的情绪，效果自然不好。

在中国，不论你在做什么，电话铃响起，人们通常都会先中断手头的事情接电话。我自己遇到过很多次这样的情况：正在办事时，对方接了电话，我就会被晾在一边，直到电话打完，我才能接着办。如果在吃饭时，接电话更是天经地义的。电话那头的人通常享有优先霸占时间的权利。而在德国，我遇到过另外一种状况：那是我到德国人家里做客，德国友人请我们吃早餐，因为他们家只有早餐是讲究的。我们一边吃一边聊天，这个早餐阵线拉得很长。这时房间里座机电话响了。男主人看看女主人，女主人挑挑眉毛说：“不论是谁，都没有权利打扰我们和客人在一起的时间。”我万分惊讶地看到两个人一直待在自己的座位上听任电话铃响个不停，最终电话铃安静下来，大家又开始聊天。我悄悄把自己的手机调到静音挡，这是为了向主人致敬。他们做出了表率，让我知道我是最重要的、我是被尊重的。在中国，我无法想象自己不接家里的座机电话，因为通常是熟悉的人才会有家里的电话。而这对德国夫妇第一次让我知道可以通过不接电话表达尊重。

周末是拿来干什么的

我问过很多人这个问题：“你的周末是拿来干什么的？”很多中国学生的回答是：“用来补觉啊！”“用来上语言班啊！”“用来赶作业啊！”休息和学习是混在一起的，周末既用来休息，也是学习的好时机。

法国学生的回答是：“找乐子”。周末是拿来熬夜的。他们最喜欢去的是酒吧。而一个曾被邀请同去的中国学生回来说：“我再也不和他们去了！去了第一个酒吧之后，他们居然还要去第二个！我勉为其难地去了，不好意思中途走掉，但当他们还要去第三个时，我再也受不了了，自己先撤了。都到了凌晨啊！回来后一个周末全部用来补觉了，我觉得好累啊！”而法国学生觉得玩了一个晚上可以让自己接下来一周都精神抖擞。周末就是拿来玩的。

美国学生的回答是："去运动"。他们或是做个人的运动，或是大家一起去打球。周末就是用来休息的。工作是重要的，休息是神圣的。工作和休息截然分开。

时间是重要的文化元素。尽管秒、分钟、小时是世界通行的计算时间的科学单位，但在文化层面，每一种文化用来计算时间的基本单位是不同的，中国时间是有弹性的，根据关系来决定时间的长短，而在有些文化背景中，时间是没有弹性的。每一种文化界定效率的方式不同，在一种文化中被认为是高效的做法，在另外一种文化中可能会被当成不会有效地管理时间。在一种文化中被认为应该优先考虑的事情，在另外一种文化中可能会被排在后面。人们会因为时间观念不同而有不同的判断标准，合作时会发生很多冲突。需要意识到哪些文化冲突是由时间引发的，这样人们才能着手去解决和应对。

生活在真实中

我们所受的教育及成长的环境，一直暗示我们，尽量将自己好的一面展示出来，而将不好的一面加以掩盖。这样，来自外界的表扬或者奖励，都只能是浅层次的。只有我们自己知道，内心深处，尚有一处苍白有待滋养；尚有一处空洞需要填补。

对于我来说，也是如此。后来从事心理咨询，当我从中找到乐趣，并获得成就感时，我才感觉到，正是这样一项工作，让我得到满足，使我从内心深处获得滋养，从而有勇气将自己真实的一面展现出来，本色地生活着，哪怕有些时候，会招来外界的议论或者批评，我也不会轻易地放弃自己的选择或者决定。因为我有自信，明白自己的能力与边界在哪儿，我为自己而活着。

真实地活，需要能力，也需要勇气。

找到自我实现的途径

自我实现时会产生一种高峰体验，它让你明白自己的价值，找到自己正确的位置，使自己觉得充实与满足。其实每个人都会找到一种途径，来实现这种体验。对于我来说，心理咨询便是这样一条途径，在我运用自己的专业知识与诚意，去一点点地帮助别人，一点点地擦拭人们“心灵之灯”上的尘埃时，这种帮助别人的过程与效果，使我非常有成就感。我的自信，也在这种成就感中一点点地加强，使我敢于去尝试一些看似不可能的东西。

这次我为了做课题，需要采访一位知名企业的CEO，朋友们都觉得可能性非常小。果然，当我打电话给他的助理，告诉他我的意图时，对方非常肯定地说：不行的，他太忙了！最多只能抽出十分钟时间给你。十分钟能说什么呢？我后来没有通过助理一层层地递交请求，而是直接联系上了那位CEO，出乎意料的是，他竟然爽快地接受了我的请求，给了我一个小时的面谈时间，虽然谈话一结束，他就匆匆地赶去机场。

这就是自信的建立，除了理论上告诉自己要自信外，在行动上，更要大胆地去尝试。我接受第一个受访者时，非常没有经验。她比我大出很多，有很多伤心事，见了我就抽泣不止，我除了陪她落泪外，简直手足无措，甚至找不到一张餐巾纸为她擦拭眼泪。事后，心里没有半点把握。但后来那位受访者找到我说，小严老师，你是第一个这么用心地聆听我的人！听完这句话，我心里的成就感可想而知了。

正是这些类似的经历，使我找到这样一种自我实现的途径，并且从中获取能力与勇气。因此，在解决受访者的心灵问题时，我的心灵同样得到成长。

明白自己的边界在哪儿

当一个人产生自信之后，很容易进入另一种假象，以为自己在某个领域无所不能，尤其心理咨询这一行业，没有具体的监督机制，这种时候，就要明白自己的局限与边界在哪儿。

从事心理咨询会上瘾，因为在帮助别人的过程中，你会有一种成就感。刚开始，这种成就感促使我不断地接手个案，因为我总是试图帮助更多的人。但后来我发现：以为咨询师无所不能，什么心理问题都能解决，任何人都能从你那儿获得帮助，这是一个“神话”。我必须破除这个神话，学会放弃。总有些个案是自己无法胜任的，这时候，我需要将它转交给别人，这样才能达到最终帮助别人的目的。

和选择一样，放弃同样需要一种勇气。现代人面对最大的问题，就是诱惑太多。因为可供选择的太多，人容易过分关注外部世界，而忽略自己内心的需要。这时就是要认识自己的边界的问题。明白自己的界限在哪儿，明白什么东西对自己是最重要的，从而学会取舍。

当然，这种意识，并非开始就有，而是在不断深入地过程中产生的自由度：知道哪些自己需要坚持，而哪些又需要放弃。

真实地生活，是一种心灵充实的状态。一个人置身于生活中，却从来不知道思考生活，那么他肯定就不会享受生活。他往往会以外部的标准度测自己，生活在表象，这样，真实的状态，就和他无关了。

美国奶奶的传奇

认识伊丽斯的人都管她叫奶奶。不是因为她的样子像老人，只是因为她已年届 80，而且孕育了中美精神分析联盟（CAPA）。如果跟她一起做事，没有人会觉得她是奶奶。每次她到上海，帮她安排日程是一件非常头疼的事情：因为她每一分钟都需要有事情安排进去，不是做讲座就是做个案督导，不是开会就是找人谈事情，即使是吃饭时间，她也想安排中国学员和她一起吃，因为她要一边吃一边开会，从早餐、午餐到晚餐都是如此。换句话说，从早晨六多点睁开眼睛到晚上十一点，所有的时间她都要做事情，而她计时的方式是用分钟。她的日程表上排到了每一分钟。即使她在上海只待一天，她的日程表也是密密麻麻，因为安排了很多事情。通常如果仅凭我们中的一个人从早晨到晚上一直陪她是陪不下来的，因为强度太高，所以我们都是轮番上阵，使每一个时间段里都有人陪她。

每年 11 月伊丽斯都会来上海，因为这是 CAPA 的毕业季，她会带着一批 CAPA 老师，从深圳、北京、武汉、成都等地到上海，一个地方一个地方走，在每一个地方举办学术研讨会、进行个案督导，并且亲手把每一张证书颁发到每一个毕业生手里。今年三月，伊丽斯就发邮件给我，让我帮助安排她 11 月来上海的日程。我真的有些傻眼：相隔 8 个月，做出一份精确到分钟的日程表？好多事情根本还没有提上日程，太多信息不清楚，怎么安排啊？美国人做事情提前量这么久啊！和 CAPA 上海委员会的理事们商量之后，回信告诉她晚些时候再确定细节，但她可以放心，我们到时候一定安排好。后来她解释说：因为美国人都是在年初计划和安排一年的事情，而到中国的旅行对很多咨询师来说是一件大事，他们需要安排和调整很多事情才能成行，包括告知自己的来访者、调整课程等，所以她必须提前那么久来安排。美国人和中国人的时间观是不太一样的。

从 7 月开始，伊丽斯就和我邮件商量具体的事情。我发现，如果我回邮件慢了一些，她就会着急，会有邮件来催问。而我回过去的邮件她总是很快回复。我无法想象她是如何处理这么多邮件的，因为她是 CAPA 的主席，下面有几百名老师、几百名学生。后来，她说她在纽约的家中有一间小小的办公室，她整天坐在那里，不停地打电话、回邮件。“每一张毕业证书都是在那里打印的。”她说道。

到了八九月份，邮件越发密集起来。我开始有些头疼，因为用英文看长长的邮件已经很花时间了，再用英文写长长的邮件、讲清楚每一个细节，是更花时间的事情。我建议用 Skype 直接视频沟通。伊丽斯也同意开会，但我约不到她的时间，她参加学术会议，她去外地旅游。我建议用微信，因为我知道她是一个中国通，每年来中国至少一次，从 2006 年 CAPA 成立后来得更多了，她怎么可能没有微信呢？她有，也把微信号发给了我。我加了她，留下第一段语音。结果我接到她的邮件，告诉我她不喜欢在接待来访者时被打扰，也不喜欢在电脑前工作时被干扰，她不喜欢用微信，而且，她需要有书面的文字记录她和谁沟通了什么，请我还是用邮件和她沟通。好吧！通过数百封邮件的往来，终于把毕业季每一个细节安排妥当。她细致到需要我们写清楚：谁去机场接她？电话号码是多少？电子邮件是什么？从宾馆到做报告的地方怎么走？报告有人翻译吗？如果有，翻译是谁？电话号码是多少？电子邮件是什么？谁会来听报告？有多少人？他们的专业背景大致是怎样的？美国人的细致在她身上体现得淋漓尽致。而我们觉得她只管来就好了，我们会安排好一切：会有人去机场接她，会有人接送她去做学术报告的地方，会有人在现场主持和翻译，她不用了解那些细枝末节的小事，不用操心那些琐碎的事，我们会把她照顾得好好的。她要求的是工作，中国最不缺的就是工作。她为大家创建了一个平台，很多人在其中受益，每个人都会愿意帮她做事。

她创立的平台是 CAPA。这是一个公益组织，招募了一大批美国和其他国家的精神分析工作者，帮助中国培训精神分析师。我听她说起过，最初有一些中国人跟她表达了想学习精神分析的强烈愿望，她愿意帮助他们，当她回到美国后，她发动了一批志愿者，通过网络来教授精神分析的课程。尽管是志愿者，尽管是网络课程，但她做得一丝不苟，所有的学生都要参加两轮甚至更多轮面试才有机会获得学习资格。所有的教程都是严格按照美国专业培养的方式来操作，一周一次理论课、技术课、案例研讨，课前要读几十页文献，课后要交作业。每个学生还有自己的个人督导和个人分析师——这是奢华无比的配置，在中国目前还难做到。基础项目一学就是两年，每年三个学期。每个学期结束老师会给每个学生打分和写评语。从2006年做到2015年，刚好10年。由于其高品质的教学，越来越多的人对其感兴趣。我是2013年加入学习的。每个参加CAPA的人都从学习中获益，大家也愿意做更多的事情，帮助自己和更多的人成长。

我一直好奇伊丽斯是怎样动员数百名专业工作者成为CAPA老师的。CAPA老师中既有一线长年从事咨询工作的，也有在学校中当老师的。给我们上过课的就有William Alanson White学院、斯坦福大学等名校的老师。以每个学生2.5个老师左右的高配，整个CAPA项目需要很多老师。我很难想象这种纯公益的项目如果在中国推广，能否找到如此多、长年做志愿者的人？我问过伊丽斯，她说她的主要任务之一就是寻找更多、更好的资源，所以只要可能，她在任何场合都会跟别人解释CAPA的使命。很多人愿意贡献，他们就来了。他们教一次，就会愿意教第二次，因为他们发现自己的工作非常有意义。他们留在CAPA里，成为连接中国和美国精神分析界的桥梁。

在和伊丽斯的交往过程中，发现她做事情的方式很“生猛”：

只要有可能，她就给别人分派事情。三年前我刚加入 CAPA 时，给她提了一条建议：应该有更多的英文资料被翻译成中文，满足 CAPA 学员和更多中国人对精神分析的学习需求。她马上指派我来做这件事，尽管她当时完全不了解我这个人，除了知道我是 CAPA 学生外。后来在反复的沟通中，这个想法渐渐演变成一个项目：经过自愿报名和严格的双盲翻译选拔，成立了一支 CAPA 自己的专业翻译队伍，和出版社联合，出版系列的精神分析译著，而所有的译著是经过 CAPA 师生投票选出来的。尽管后来这件事情我移交给其他人负责，但伊丽斯的指派和行动力确实推进了这件事情。

伊丽斯推着别人向前走，她也被别人推着向前走。刚开始时中国有人想学精神分析，她组织了两年的初级项目。学完后，这批学员继续嗷嗷叫着要学更多,她接着组织两年的高级项目。学完后，学员们还要学，她组织了督导班。督导班学完后，还有人想继续深造。她就和美国顶尖的精神分析学院一个一个地谈，最终有四个学校同意接收中国学生（Chicago Institute for Psychoanalysis, Baltimore-Washington Institute for Psychoanalysis, William Alanson White Institute, Philadelphia psychoanalytic institute），让其通过网络全程参与培训课程，学习结束有正式的证书。这在全美国也是开先例的。

给我留下深刻印象的是：有一次学生在面对面的反馈中，跟她提阅读资料扫描的质量太差。她笑着解释说："这是一位老师的儿子帮助扫描的。请你把不清楚的地方写邮件给办公室，他们会帮助解决的。"在那一刻，我突然被打动，因为我突然理解有多少人贡献了自己的力量在我们的学习中，那个帮助我们扫描的孩子，可能正在玩耍的年纪，却被抓来做这种单调的事情。他可能并不知道他扫描的资料会被这么多人读吧？而伊丽斯就是那个推动人们贡献自己力量的人。

伊丽斯离开上海的那天晚上，我非常难过，因为我看到伊丽斯真的老了：在颁发证书时，她不时要坐下一小会儿，我知道，如果不是身体实在受不了，她绝对不会坐下。我们都知道她的腿动过手术，去年毕业典礼时，主持人体贴地给她搬了椅子，但她坚持站了全程。而这次，在毕业生谈感言时，她坐下休息。她取消了一个长长的演讲，告诉我说是为了节省时间，我心里忐忑不安，反复和她确认，她坚持取消。我后来猜测原因可能是她的精神不济。果真，她回到美国缓过劲之后给我写邮件：在上海时她身体不舒服。其实早在她来上海之前、商量她的日程时，她就破天荒安排了一天的休息时间，这是史无前例的。我想她开始接受自己正在变老这个现实。

我有点怕，有点怕她老去。我无法想象没有她的 CAPA 会是怎样的。她曾经想找一个接替者，但没有人愿意做，因为没有人觉得自己能胜任目前伊丽斯所做的这些事情，她一个人做的事情顶好几个人做的事。我记起春天时她来上海，一天里开了七、八个会，见了无数个人，依然精神抖擞。我在桌上放了一些零食，挑了一些适合老人吃的东西递给她，她不要，盯着花生、胡豆和瓜子吃。听着脆生生的声音，我真不敢相信这是一个八十岁老人的牙口。她用的手机屏幕很小，她居然用它来处理邮件，再小的字她也看得清，她说自己做了一个小手术，眼睛就不老花了。她的一头白发看上去有些金色的感觉。再加上大大的眼睛里永远闪烁着激情，我很难把她和“老人”两个字联系在一起。她彻底颠覆了我对老人的定义。她让很多人看到：原来老年生活可以这样过！原来老去并不可怕。

树人的事情通常要看一百年。我相信伊丽斯现在所做的事情在未来更能彰显其深远意义。她在中国精神分析领域、在国际精神分析领域种下了新的种子。种子一旦种下，就会拥有自己的生命力，不断长大。

伊丽斯本人是一个传奇，而她在美国和中国创造了更多的传奇。

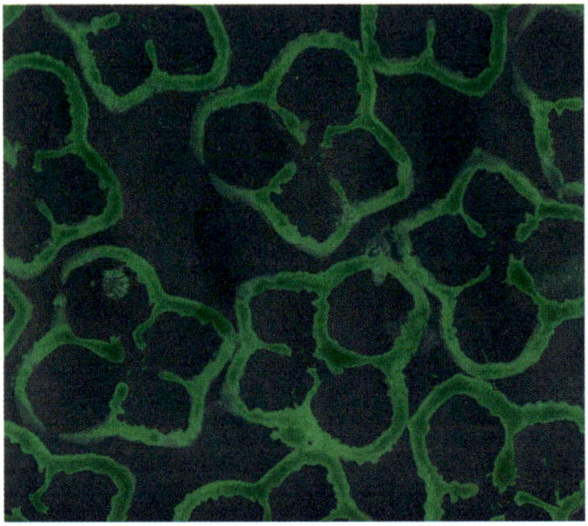

『慢慢赢』先生

我和同事去南非开会，订了一家旅馆。我们入住时，前台的人正在忙，走过来的一位 20 多岁的男士问我们需要什么帮助。我一时不知怎么回答，因为我不知道他的身份。他好像读懂了我的疑惑，说："我是这里的工作人员，我刚下班，但如果你们需要帮助，我可以帮你们。"接下来，是他帮我们办理入住并把行李拿到房间。当我们发现房间是一间大床房而不是标间时，大眼瞪小眼。他马上问怎么了，我们说订的是双人床房间。他马上帮我们换。在走回房间的路上，我随口问起他为什么在室内还会戴一顶棉帽子——他戴的是中国北方 20 世纪五六十年代常见的双耳垂下的那种棉帽子，看上去很特别。"你看，我的头发掉了，所以需要戴帽子。因为压力，我被诊断为 OCD。"他把帽子摘下来，头低下来让我看。果真头上只有稀疏的一些头发。“强迫症？”我有些吃惊，因为他对我这个陌生人就这么深度吐槽，因为他用了很专业的词 OCD，莫非他知道我是学心理学的？“是的。你看我的眉毛也掉了。”其实我早就注意到他只有一条眉毛。“主要表现是什么呢？”我随口就问，问完了突然意识到这不是在心理咨询室。“我会记住所有的信息不会遗忘。就像计算机，不论被输入什么，都会储存在大脑中。”他很快显示了这一点：当我们问及如何上网时，他告诉我们密码每周换一次，他可以把正在使用的密码写给我们，写出来有 10 多位，有数字有字母。“你竟然能背下来？”我们很惊讶，他有些得意、有些苦恼地指着自己的头说：“这里就是计算机。”我们问他的名字，他一丝不苟地把它写出来，然后解释说：“在我们的语言中，它的意思是‘慢慢赢’，‘慢慢地赢’，这很有意义，对吗？”

第二天早餐时，我们又看到了“慢慢赢”，随口问起周边可以去逛一下的信息。他马上详细地告诉了我们，并且表示可以陪我们一起去。我们觉得他有些太热情了，有些防御，他马上说：“如果能陪你们出去，我也就不会那么用力地想了，可以让我的大脑休息一下。我们可以在你们开完会后碰面。我接下来几天都在轮休中。”他回答了我们所有想问的问题，而且他说得有道理：强迫症的人如果去做一些具体的事情，就能转移注意力，暂时不去强迫思维。我们约定了在会议中心见面。

5 点时，我们没有看到人。5 点过了一两分钟，我们看到了“慢慢赢”走过来，换了一顶帅气的帽子。他解释说：“我其实早就到了，但门口的人不让我进来，因为我没有会议代表的胸牌。后来我据理力争，还把你们留的地址拿出来作为证据。”“哦，是这样啊！”我们进进出出，很少想到保安会看胸牌。出门时，“慢慢赢”停下来对着保安哇啦哇啦说了一大串，大意是他不是一个坏人，刚才为什么拦着他不让进门。我看到保安莫名其妙的神情——保安不知道他在讲什么。看来，他跟别人互动存在一些困难。

我们往港口走去。夕阳下的港口好美。“慢慢赢”在一旁说个不停，他说自己一个月前被老板送到精神病医院接受治疗，电击，他说自己这辈子都没有那么痛过。听上去治疗很像对精神分裂症患者发病期间的疗法。很少会有人这样坦诚地跟我说自己的心理疾病。我问他发生了什么事情，他说周围人以为他疯了，因为他读得懂每个人脑子里的想法。“但这是真的，我没有疯。”他停下来给我们做示范：“喏，现在走过来这位女士是个幸福的人，现在走过来的这个男的是个愤怒的人，现在在我们右边的是个平和的人……”这可以通过观察表情做到，只是他没有受过专业训练就这么精准，也是难得。想到他安排我们入住时就有一种能读懂人心的表现，我对他说：“你身上有一些和别人不一样的东西，这些会造成别人很难理解你。但也许你可以利用这些特质来做一些事情，比如把它表达出来，做出来……”“我将来会当一个哲学家，去思考人类的本质。”“那很好。但你能同时把你的感受部分借助媒介表达出来吗？画出来，雕塑出来，表达出来。”“我没有试过。”我鼓励他试试。如果他能把这些东西表达出来，就可以让他的世界和外在世界有一个通道。

他又说到他看得见事物内在和本质的东西。我想知道他能看到什么，就指着旁边的树说：“能告诉我你看到什么了吗？”他仔细看了看树说："我看到了树皮，看到了树干，我还看到了树的里面，那些输送营养的部分。整棵树像一个机械工厂一样。"如果这样，他看到的世界和我们是不一样的，他的思维加工也会和正常人不一样。

后来，他说了更多自己的故事：他曾经读了两年大学，但发现自己对专业不感兴趣，就退学了，到各个城市旅游，然后留在了目前这个城市，在目前的旅馆工作了四年。"老板对我很好。但他不理解现在的我，他认为我疯了。但其实我没有。你们理解我，我只是跟别人不一样。""因为你跟别人不一样，所以别人理解你不是一件很容易的事情。"我对他说。他想了想，有些沉重地点点头。

回来的路上，"慢慢赢"提出要跟我们一起去参加心理学会议，他想从专业上了解他究竟是怎么了，他的大脑里发生了什么。我们觉得不妥当，那里不是他去解决问题的合适场所。他从我们的眼神中看到了答案，没有再说什么。

回到旅馆后，"慢慢赢"的同事避开他，小心翼翼地问我们他今天情况怎么样。我们惊讶于她对他行踪的了解。她解释说："我是他上司。他已经连续好几天无法入睡了。我怕他有问题。今天下午你们跟他约的是下午 5 点，但他 3 点就出门了。"她连这么细节的信息都知道。"老板现在给他四天时间休息，看看他这四天是否表现正常。如果他再不正常，老板可能不会让他上班了。"可是，四天时间太短了！"我们也觉得他是个很好的人。但老板说啦：'你不是我的儿子也不是我的家人，你是我的员工，我只能给你有限的时间。'老板需要能正常工作的人。我在这里时间长了，我可以理解他，但那些新员工没有办法理解。”我现在理解了为什么“慢慢赢”向每个人吐槽、为什么那么着急想要证明自己是“正常”的，原来他要解释给老板和周围的人，在他身上发生了什么。

我们离开时，应该是“慢慢赢”上班的时间，但我们没有见到他，向他的同事问起他，他同事说：“他去医院看了病，医生的诊断是强迫症和边缘性精神分裂症，开了新的药，吃了之后副作用太大，老板让他的家人把他接回去了。”

我们在前台留了一个小礼物给“慢慢赢”，希望他能尽快回到自己熟悉的岗位上工作。但我同时也知道：他能否回到“正常”的状态其实是不确定的。他能否慢慢地赢得这场胜利还不知道。他在某些方面具有天赋，但这个世界的机制是为大多数所谓正常人而设置的，社会其实不知道该怎么开发特殊群体的能力，更不知道如何应用。社会常用的方法是“治疗”。治疗的同时也有可能让这批人丧失天赋。会有一些人理解他，但这还不够。我们的社会还没有发达到理解他们的世界。我们无法看到他眼中看到的树，所以我们无法完全理解他，帮助他建立一个桥梁，使他能在他自己的世界和客观世界中自由行走。当他只能沉溺或受困于他自己的世界时，他无法适应正常人的社会，无法成为他想成为的哲学家。我们为他和他这样的人叹息。

有一些天才没法成为人才，因为这个世界无法理解他们的世界，他们会被矫治到理解我们这个平庸的世界。或者，他们会一直沉溺在他们自己的世界中。

文化的流浪者

文化是人们的根。不论人们走到哪里，都知道自己的根在哪里，拥有自己的根。有些人到了新文化中，会选择在新的环境中扎根，从而拥有新的文化的根。但也有一些人，他们失去了自己文化的根，成为文化的流浪者，在世界各地飘荡。

来自非洲的中年大叔

有一次我上课的班上坐了一个外国人。班里大部分学生都是外国人，所以来一个外国人没有什么奇怪的，但我吃不准的是他的身份：他是学生还是老师？说是学生吧，他的年龄已经是中年；说是老师吧，他的神情又不像。下课时这个人过来和我打招呼，说想旁听我的课，希望得到我的允许。我问及他的身份，他说自己是在学校注册的、学习语言的学生。看到我有些惊讶的表情，他解释说："我在不同的国家旅行和生活，因为喜欢中国文化，所以留下来多待一段时间。学语言是最方便的选择。"后来我知道他一直从一个国家到另外一个国家，没有特别的目的，没有明确的计划，只是凭自己的喜好。大部分时间他都在不同国家的学校里读书，没钱时就会短暂地工作一阵。问及他来自哪里，他说来自非洲的一个国家。我有些惊讶，因为看上去他是白人，说的英文没有任何口音。显然他经常面对人们的这种惊讶，所以他主动补充说："我的父辈是从欧洲移民过去的，而我是在英国读的大学。"后来知道他已经很久没有回过自己的国家，"回去了也不习惯。"他耸耸肩。

这个学生开始并且每次都出现在我的课堂上。他比正式选课的学生发言还积极，经常会分享一些自己在不同文化中的经历。我有时都会奇怪：他已经经历这么多、已经了解这么多，已经是中年大叔的他为什么还混迹于一帮年龄只有他一半的学生中？他从课上能得到什么？他讲的那些事情一方面说明了他经历的丰富，但另一方面，我并没有觉得他真的在享受和理解别的文化。怎么说呢？好像只是在挑剔和冷眼旁观别的文化。用这样一种态度，他怎么能在新的文化中享受生活呢？但他为什么还会不停地从一个国家辗转到另外一个国家？

我请了一位跨文化的学者来给学生们做讲座。讲座时这个学生提了一些问题，和学者有一些交流。讲座结束后，这位学者和我私下说："那个学生已经迷失了。他不接受自己的母文化，但他又无法融入任何一种新文化。他回不去，因为他已经不接受自己原先生活的环境、价值观，但他也没法长久地待在一个新的文化中，因为他不认同任何一种新文化。”他叹息了一声。没有根的人注定是要流浪的。

再后来，这个学生开始固定和一个女生坐在一起。那是一个来自东亚国家的女孩，长得很是清秀。两个人的距离越来越近。有一次我点名发言时，那个女生不知道该如何回答，他还出言帮腔。那个女生的年龄看上去比他小很多。两个人开始同进同出。有一次在校园里一辆摩托车从我的身边呼啸而过，只留下一段嚣张的摇滚音乐，抬头看去，正是这个学生带着那个女生招摇过市。我不知道这是否是他应对没有根的方式，更不知道这种方式能否让他找到自己的根。

流离在德国的中国留学生

多年前我在德国访学时也曾遇到一个无根的中国学生。他开始出现时，是以一个帮助者的身份出现的。他帮助我提供各种生活信息，告诉我交通方面的信息，告诉我哪里可以买到中国食材，哪里有好玩的社区活动，帮助我更快适应了在德国的生活。他在德国已经待了八九年，对当地非常熟悉。他给我最初的印象是与当地人融合得很好，比如他会带着我们到当地德国人家里做客，他自己也会参与到当地公益组织的各项活动中。他每天都很忙碌，做各种不同的事情：帮敬老院的老人；教难民的孩子打乒乓球；和德国学生一起去徒步。后来我邀请他参加我的项目，因为我需要把中文问卷翻译成德文。他的德文非常好，德国同事说已经到native speaker（说母语者）的水平。他也很乐意。只是德国合作方听到我的决定时扬了扬眉毛："你确定这样做？"我有些疑惑他为什么会反问，他想了一会儿之后耸耸肩："好吧！我希望这一次他会做得更好。"当时我也没有多想。

后来翻译问卷这件事情确实变成了拖后腿的一项。我开始还不好意思催，但他迟迟不交给我，课题进度受到了影响。每次见面时我们可以愉快地谈任何事情，就是不能涉及和翻译问卷有关的事情。最后我开始找其他人来做时，他终于交出一份。一句一句核对的结果表明翻译质量并不像我期待的那么好。这时德国合作方告诉我：之前他也请这位学生帮助做过事情，只要涉及和学术有关，这个学生都没有准时完成过。只要和学术无关，这个学生都做得很棒。很多人都认识这个学生，不光因为他人缘好，还因为他在学校读了很多年，但始终无法毕业。他无法通过考试。每次考试不通过，他就会消失一阵。等大家差不多把他忘记时，他又再次出现。我没有想到会有这样一个故事。细细再去和这个学生聊，原来，他已经30多岁了！天呐，我一直把他当作大二、大三的学生。这既有我先入为主的原因，也有他始终以一身轻松的学生形象出现有关，我从来没有把他和责任、成熟等联系在一起，而如果他已经30岁，他需要开始思考自己的人生目标，明确自己的规划，出现在别人面前时，可能不是一个无事一身轻的学生形象，而会流露出成熟和对人生的思考。

他已经好几年没有回家了，一是因为来回机票太贵，二是因为他回家就必须回答父母这个问题：你什么时候毕业回国？家里的底子差不多已经被他掏空了，指着他回去挣钱养家呢。他在德国还比较容易混日子，在学校读书不用交学费，生活方面他可以找到各种窍门，用最少的钱过着不错的日子：他可以租到比较便宜的房子，知道在哪里可以买到便宜又好吃的食材，甚至知道在哪里可以只花三欧元理一个头发。他的德国朋友也不时接济一下他，他也会帮他们做一些事情。我想起来，去德国人家做客时，他送的礼物是一些松树枝，是风从树上刮下来的、刚好可以拿来装饰过圣诞的房间。这样别出心裁的礼物，原因之一是由于他经济窘迫吧？但至少在德国的日子他是逍遥的，没有任何人管他，他可以想做什么就做什么。他不喜欢读书，但他觉得学生签证最方便，也不打算做任何努力去改变现状。“如果你真的不喜欢读书，为什么不找份工作呢？你的德语那么好，社交能力也很强，又喜欢德国，那索性在这里工作，未尝不是一种选择。”他想了想，列出了一些理由，告诉我也是告诉他自己：“还是当学生方便。”和他聊完，我知道：他回国就会面临一些非常现实的问题，比如说找工作，比如说找女朋友，比如说买房子。他根本不想面对这些问题，所以他待在德国。但在德国他也处在一个困境中，卡在那里，他需要挣扎一下才能摆脱困境，但他选择什么都不做。

回国后我一直在想他后来会做出怎样的选择。他是一个迷失在文化中的孩子，在哪里都找不到自己的位置。

到南非躲避核污染的加拿大人

数年前我在南非也曾经遇到过一个迷失的加拿大人。我在住的旅馆接待处等人，一个男子站在附近，他开始和我攀谈起来。我知道了一个奇异的故事：日本发生核电站泄露事件后，他开始意识到这个危险和自己有关，开始天天看新闻。逐渐地，他相信被污染的洋流会流到加拿大，危及他本人的生命和健康。他想搬家。看了很多信息之后，他发现加拿大没有一个安全的地方。然后看美国，美国居然也没有一个安全的地方。他把目光投向了地球上更遥远的地方。最后综合了很多资讯，他终于发现了一个相对安全的地方：南非。明确了目的地之后，他很快辞掉工作，马不停蹄地来到了南非。家人觉得他的做法不可思议，坚决不肯和他一起来，他抛家别子，孤身一个人离开祖国。他到南非非常仓促，根本没有选定居住的城市和地方，也没有考虑到怎样生活。他只是先逃命。我听他讲得那么危急，察觉到他的行为似乎有一些病态，把危险夸大到不正常的地步。正好这时同伴出来，我就准备和同伴一起离开。他在一旁追着我，试图用更多的证据告诉我这个世界有多危险。他跟着我们走过长长的街道，不停地说着核污染是多么危险。

穿行在热闹的街道上，周围是熙熙攘攘的人。太阳有些刺眼。充满生机的环境和他正说的污染毁灭地球格格不入。我在想：他喋喋不休地说这些与其是要说服我，不如说是要说服他自己，让他感到自己来到南非是一个正确的决定。他现在很难再回加拿大，他已经把那里想象成一个危险之地，但他在南非那里哪有那么容易展开自己的新生活呢？有可能在这个新的国度里，他可以放心地吃东西、喝水，但周围的人都是陌生的。他已经来到这个城市好几个月，但仍然住在旅馆里，没有决定是否要在这个城市安顿下来，是否要找一个地方租下来。可是走在这充满阳光的街道上，他其实未尝不后悔自己的决定，那么匆忙地抛弃一切，真的是对的吗？虽然和生命比起来，他的决定应该是对的，但危险毕竟没有发生。他只能坚定地相信自己是对的。

那么匆忙地把根从熟悉的土地上拔出，以他 40 多岁的年纪，在陌生的土地上再扎根，不是一件容易的事情，更何况他还不想扎根。这又是一个断了文化之根的人，只不过，他在原先的文化中已经显现出病态，而新的文化并不会自动治愈他的病态，反而会让他的病态更严重。那些期待在新的文化中把一切担心、恐惧都治愈的念头，到头来只是一种幻想。

一个人对母文化没有认同，在新文化中找不到自己的位置，就会成为文化的流浪者。就像失去了母亲的孤儿，他们很难得到来自文化的滋养和力量。虽然他们也获得了一定的自由，但同时也需要花更多心力才会让自己踩在稳定而坚实的土地上。否则他们会一直漂浮在虚空里，无法有明确的人生意义和规划，也很难界定自己生活的意义。

较真的曼妮卡

曼妮卡是来我们学校做交流的外国学生。她是捷克人，同时也是一名具有跨国经验的博士生，她在多个国家留过学。刚开始接触，并没有发现她身上和中国学生有太多的不同，但一旦开始做事情，她身上就显示出和很多中国学生不同的地方，比如说她的较真性，在中国学生身上就很少看到。

那一次，我请她给我的研究生介绍一下她熟悉的数据统计分析方法。以前，我也让高年级的研究生给低年级的学生分享过，对学生来说是小事一桩，所以我也觉得这是一件简单的事情。但曼妮卡把这件事情变得不简单。

她首先来问我什么时间要做这件事情。这是一个非正式的分享，我说："你准备好了，我们随时可以做。"她打开自己的日程表，跟我讨论了一会儿，告诉我这个月不行，下个月有点紧张，要不放在第三个月？看她一副如临大敌的样子，我告诉她不要有任何负担，这只是学生之间一次非正式的分享，不会花她太多时间准备。她说自己知道这一点，但还是需要这么长的准备时间。她细细地和我讨论放在哪一天做。

接下来我就不时地接到她的邮件——为了保证自己平时不受打扰，她很少用手机，大部分的沟通是通过邮件和面对面交流来完成。她问我会有多少学生参加，他们平时常用的统计分析方法有哪些。前一个我直接告诉了她，后面一个我回答不出来。她建议我把参加分享活动的学生的邮箱给她，她直接来问他们。很快我收到了她抄送给我的邮件，她向参加者做了一个小调查，了解他们的基础，了解他们最想学什么。然后她列出了一个要讲内容的提纲，请我确认，并且问我她有多长时间来分享，她好按时间长度来准备内容。看到她那么充分的准备，我把分享时间从原先的 40 分钟延长到两个小时。

过了不久我又收到她的邮件，她问我是否能给参加活动的学生提前发送一些材料，包括让学生提前阅读的材料、一个数据文件、让学生在分享会前要做的事情，比如提前准备好一台安装了统计分析软件的电脑、运行她提供的数据、尝试做一些分析。她还特别和我讨论了用什么样的数据文件是学生熟悉的、容易上手的。她还指定要装哪一个版本的分析软件，说自己在现场需要带大家一起运行数据，最好用的版本是一样的。

在临分享的前一周，我收到她的邮件，询问教室里是否已经有多媒体设备，她需要有投影仪，是否可以上网，因为她需要在线操作。同时她再次询问参加者，是否在运行数据时遇到了问题、有哪些问题，她到时候可以重点讲。后来我知道她甚至去教室里测了网速。

在分享前一天，我又收到一封邮件，她询问教室里有没有另外一台电脑可以给她自己用。她在给学生播放 PPT 的同时，自己要能够看到下一页的内容，这样讲起来更流畅。

到了真正讲的那天，她讲得非常好，不仅讲如何做，带大家现场一步一步运行同一个数据文件，还告诉大家如何解读运行出来的数据、为什么这样解读。有一两个学生运行出来的结果和她呈现的不同，学生着急得不得了，她非常耐心地检查他们运行的步骤，告诉他们之前筛查数据时有一个错误数据没有得到纠正。她对自己讲的内容非常熟悉，准备工作非常充分，不时在 PPT 和数据之间切换。至于上网的部分，其实是她想教大家遇到问题时，如何通过网络找到解答。她给大家推荐了一些好的网站，现场示范如何通过输入关键词去找相关的资料。我本来觉得她这一部分是多此一举，直接把网站给学生不就可以了？但通过她的演示，我发现她做了更多的工作：她示范了如何从查到的信息中筛选出自己真正想要的答案，或者没有想要的答案时，如何通过查找相近的信息、曲折地寻找相关信息。这确实只有通过现场演示才能做到。她把看上去很简单的事情做成了很专业的事情。测网速也是有必要的，因为她上的是国外网站，确实有点卡。好在她准备了 VPN。在分享结束时她还推荐了更多的资料和网站，让大家将来遇到问题时可以去请教不曾谋面的“老师们”。

她的分享活动受到了学生的热烈欢迎。我后来在想：我年年都在做类似的活动，但为什么之前的中国学生和她做得不一样？曼妮卡自己付出了很多，她也调动起所有人的重视度和参与度，把一件看上去很不正式的活动变成了一场高质量的教学活动。她对这个活动的重视和投入、她有条有理的准备工作和预热工作，使得大家有更多收获。

曼妮卡的较真不只体现在一件事情上，她的较真体现在很多事情上。当我得知她是一个 DIY 达人，会做各种糕点，她佩带的那些漂亮而独特的首饰全部都是自己手工做的之后，我建议她带我们做一次 DIY 活动。我特别声明这只是一次娱乐休闲活动，她不用特别费心思，她只需要提供一份采购清单，我网购好原材料，然后确定一个活动时间就可以了。但她还是把这个活动变成了一场非常惊艳的分享活动。

她首先来和我商量做什么主题。我想的只是随便玩一玩，但她给了很多方案和可能性，最后商量下来做一个在石头上画曼陀罗的活动，既是 DIY，同时又有心理学色彩。

我原先想的是她只要告诉我们买哪些东西就可以了，没想到她不仅发给我东西的名称、规格和数量，而且连淘宝的链接都直接写在上面了。我不知道她作为一个不懂中文的外国人要花多少时间去搞定这些链接，但这确实保证了我们买来的东西是她想要的。如果不是她提前告诉我链接，我还不知道买石头竟然有这么多讲究：大小、质地、轻重、颜料的附着性等等；我也不会知道画笔还有这么多型号。她推荐的画笔根本不是常规用的画笔，而是一套画指甲的画笔。我真的很好奇她是如何在淘宝上找到这些东西的。

在活动那一天，看到桌面上的材料大家就兴奋得抓起画笔要涂色。但曼妮卡不慌不忙，她准备了 PPT，先从曼陀罗的来源开始讲起来，然后给大家呈现很多图片，包括她自己画的。然后让每个人挑选一块小石头，她给每个人分两支笔，一支粗笔，一支细笔，先让大家把白色颜料挤到调色盘中，给石头上底色。性急的人已迫不及待地往石头上刷颜色了，她轻轻摇头制止大家，示范给大家看：先用粗笔在石头中间点一个点，然后用笔绕着圈上底色。这样上出来的底色是均匀的。然后她请大家挑选自己喜欢的两种颜色，教大家先在中心画上第一笔，然后画任何想画的图案。对那些不知道该如何画的人，她播放一些 PPT，给他们一些灵感。对那些画得如鱼得水的人，她不做任何打扰。她还专门准备了音乐，在大家安静作画时播放。当很多人画好第一块石头时，她把大家画好的石头晾在一边，并在干透后涂上一层胶水，方便大家带回去保存。然后她带大家画大的石头，并且让大家在团队中传递着画，这样每个人都有机会在别人的石头上留下自己的创意和印迹。她还向大家示范如何把画的石头做成饰品：她准备了各种颜色和软硬度的金属丝、各种型号的钳子、剪刀等，然后把金属丝盘成各种形状，和画好的石头完美结合。最后大家围着画成的五彩斑斓的石头兴高采烈，人人都觉得自己是艺术家。如果不是曼妮卡的精心准备和一步一步地耐心引导，我觉得可能参加者没有这么高的成就感。

曼妮卡已经回国了，但我常常想起她做过的事情、她的较真。刚开始时我并不习惯她的较真，觉得她做事情程序太多、花太多时间、拿针尖当棒槌，但她用实际行动表明：较真带来的结果是高质量的活动。我不知道她是怎样养成这种较真的，但这种较真曾经帮助到她，她过去的文化环境包容着这种较真，所以她保留下来这种较真。她做事情不是很快，需要比较长的准备时间，但她很踏实，一步一步都很从容，她内在的稳定性很高，所以可以按自己的节奏而不是被别人推动的节奏前行。那些精心准备的过程保证了活动的结果。我比较少遇到像曼妮卡一样较真的中国学生。可能在中国这么快节奏的生活中，较真这个品格很难生存下来。

美国小伙和他的中国舍友

汤姆和杰瑞是舍友。汤姆是个地地道道的美国小伙，他是通过参加学校的交换项目来到中国的。而杰瑞是主办方为了让参加者体验文化差异而招募的中国学生。两个人刚开始相处时关系很好，但很快出现了一些不和谐。这天，汤姆买了啤酒请杰瑞喝，他决定开诚布公地和杰瑞谈一下。

来中国之后发生了太多事情，千头万绪，从哪里开始呢？他决定从一见面的改名事件开始。当时杰瑞，不，当时还叫杰姆斯，得知他叫汤姆之后，就热情地说："嗨，汤姆这个名字很好记，让我想起《猫和老鼠》这部动画片。为了配合你，我想把自己的名字改为'杰瑞'。"汤姆当时大吃一惊："啊？你要为我改名字？不不不，不论你的名字叫什么，我都会努力去记的。杰姆斯是一个很好记的英文名字。我也很乐意叫你的中文名字，如果你愿意的话。”“不不不，我知道对老外来说中国人的名字很难记的。你还没有学中文呢，你就叫我杰瑞吧！”最终还是按杰瑞的意思来做了。

想到这里，汤姆说：“你还记得你改名字的事情吗？在美国我从来没有碰到过这样的事情。我们刚见面，还是陌生人，但你就做出了很大的牺牲，这让我心里一直不安。”

杰瑞笑嘻嘻地说：“我可没想给你增添负担，参加这个项目我是免学费、免住宿费的，所以我想尽地主之谊，表明我的善意和幽默。英文名字对我不是那么重要，反正也不在身份证上，也不在户口本上，中国朋友平时也不用，只有外国朋友才会用。改英文名字是一件小事。当然，如果改中文名字，那会是一件非常大的事情，肯定不能轻易改。”汤姆点点头，原来是这样。看来杰瑞的英文名字就和自己的中文名字一样，象征意义大于实用意义。

汤姆转到了一个新的话题上：“其实我非常感谢你尽地主之谊。在你的帮助下，我很快熟悉了学校的食堂、图书馆、运动场等地方，可是你每次做什么事情都热情地邀请我一同前往，而且你似乎想参与到我所有的活动中，我有些吃不消。”汤姆眼前出现了这样的画面：从早晨一睁眼，杰瑞就会问：“你今天会干什么？”汤姆说：“白天上课，下午会去踢球。”杰瑞就会追问：“你和谁去呀？”得到答案后又问：“我能不能也去呀？”杰瑞也会邀请汤姆和他一起去看电影、去听讲座，如果汤姆不去，杰瑞总是很失望的样子。汤姆觉得自己又回到了小时候，自己的父母经常会开启这种模式：“你今天要做什么？和谁？在哪里？”但杰瑞只是他的舍友，不是他的老爸，也不是他的老妈，为什么要问这么多问题？

想到这里，汤姆说："我知道你非常想让我融入你的生活，你也非常想加入我的生活，但我有自己的生活，我也开始建立自己的交往圈子。我需要足够的个人空间，在这个空间里，我决定做什么、什么时候做，不受别人的影响和干扰。"

喝完一罐啤酒后，杰瑞说："谢谢你告诉我这些。你都这么坦诚了，我也直言不讳吧！刚开始和你交往时，非常愉快，但交往到一定程度，就发现没法深入下去了。我觉得你好像一直要把我拒之门外，好像总是防着我，不愿意让我走进你的世界。有人用桃子比喻美国文化，我觉得挺像的：尽管你表面很热情，但我可以感受到你内在的那个硬壳，就像桃肉里面的那个硬核，那个里面只有你自己。这让我觉得你没有真正把我当朋友，我自己也很失败，即使参加了这个项目，也交不到一个真心的朋友。"

这回是汤姆惊讶地睁大了眼睛："在美国，从小到大没有人和我走得这么近。你是我走得最近的朋友了！我从小就有自己的房间，如果我的房门关着，即使是爸爸妈妈进来，也需要敲门、得到我的许可才能进入。"

杰瑞听到汤姆说自己是他最近的朋友，心里很高兴，但马上又说："既然我是你的朋友，那为什么你很少想到我？上次出去看电影，你只买了自己的票。但我不论做什么都会想到你。"杰瑞习惯于和汤姆分享自己所有的东西：吃的、喝的、玩的，包括朋友圈。有什么吃的、喝的他都会邀请汤姆分享，早餐会分给汤姆一半，水果会分给汤姆，如果只有一杯豆浆，他会倒半杯给汤姆。汤姆说：“可是我不需要你替我做决定呀！”杰瑞的脸色一下子就变了，觉得自己的好心被当作驴肝肺。汤姆继续解释道：“你帮我买了东西，我会感谢你，我每次给你钱，你都生气地拒绝了。我觉得这给了我很大的负担。杰瑞，我就是我，我有我自己的需求，我可以满足我自己的需求。我可能不想喝豆浆而更愿意喝牛奶，我可能更想吃苹果而不是橘子。你说我没有为你买电影票，我并不知道你愿不愿意看这部电影、能否在这个时间去看、是否更愿意和一个女孩去看。每个人做自己的选择，不是最简单吗？”杰瑞喃喃自语道：“原来你是这样想的！我是习惯和好朋友分享，但你却觉得这是负担。”汤姆正色道：“从小我的事情就是我自己做决定，很小的时候，全家人去餐厅吃饭，爸妈就让我自己点自己吃的东西，即使我根本不认字。我参加足球队，我上哪所大学，都是我自己的决定。到中国来交流也是我自己的决定。”杰瑞马上想到了在餐厅自己会直接帮汤姆点餐的事情，他辩解道：“因为你不懂中文，我才帮你点餐的！”汤姆笑了：“是的，你帮了我很多，我非常感谢！但这种被照顾让我觉得自己是个婴儿。我更希望的是我问你我看不懂的地方，你帮我解释，然后由我自己来点餐。我总要学习中文的。”杰瑞也笑了：“行啊，这简单，以后我就不操那么多心了。既然你说话这么直接，我也直说了吧！其实，有时候我也不喜欢参加你们的活动，但不好意思说，觉得会让你丢面子。比如说周末去酒吧，我搞不懂你们为什么会愿意在酒吧消磨那么长时间，吵得要命，说话都得大着嗓门，而且一个晚上去一个酒吧还不够，还要再去下一个，弄得太晚了！我一点儿都不享受。下次如果我不想去，我会直接告诉你。”汤姆很吃惊地说：“抱歉我不知道你竟然不喜欢！你当然可以不去。你去不去和我的面子都没有关系。”两个人把话说透了，忍不住笑起来。

又喝了一会儿，两人说起了上次去参加婚礼的事情。之前，杰瑞热衷于把汤姆介绍给自己的朋友，想让汤姆尽快地融入自己的朋友圈。那次他带汤姆去参加一个发小儿的婚礼。由于汤姆是一个外国人，被隆重地安排到了主桌，杰瑞当仁不让地承担起了翻译的重任。汤姆第一次参加中国人的婚礼，非常好奇。满桌的人对汤姆也充满了好奇，很自然地，“答记者问”的模式就被开启了：“你结婚了吗？”杰瑞翻译了问题，但翻译之前就帮他回答了“没有”，“那你现在有女朋友吗？”杰瑞回答不了，“没有”，汤姆老老实实回答。“那你为什么不找女朋友？你长得一表人才，肯定会有很多女孩喜欢你。”汤姆不想回答，但他是客人，他不想失礼，所以他还是给了简单的回答：“我刚和以前的女朋友分手，现在还不想找。”“那你们是谁先提出的分手？是什么原因提出的分手？”汤姆没有回答，他直接逃去了洗手间。他以为他的离开可以让人们停止对他的好奇。没想到等他晃悠了一圈回去，刚坐下，又有问题砸过来：“你爸爸妈妈是做什么的？他们工资肯定很高吧？一年能挣多少？你不用换算成人民币，只要告诉我们美元就可以，我们自己会算的。”凭他有限的中文听力，他知道满桌的人开始议论美国人的年收入，多少算比较高的收入。汤姆发现自己越来越不舒服，找了一个借口逃离了婚礼现场。

汤姆问杰瑞："你知道那次婚礼上我为什么提前离场吗？"杰瑞说："你不是回学校有事吗？"汤姆摇头："这不是真正的原因。我觉得人们问了我太多的个人信息，像是否有女朋友、是否分手、为什么分手、工资等这些问题，严重地侵犯到我的隐私权，因为是去做客，我已经尽最大努力配合周围人了，但其实我心里非常不舒服。" 杰瑞惊叹："天呐！原来你对那些问题这么敏感，我们只是出于好意，出于关心，但我们并不想侵犯你的隐私。我以前并不知道这样做会踩到你的底线。抱歉那天我没有及时制止大家问这些问题。"汤姆点头表示理解："不用道歉。我后来在其他场合也被问过类似的问题。我猜这些话题在中国可能不是不能触及的隐私话题。我也提醒自己这是在中国，人们并不想对我不礼貌。"

杰瑞真诚地说："你在中国，是为了体验中国的文化，所以我用对待中国人的方式对待你。我觉得你要理解我这样做后面的善意。你要知道，我参加这个项目是免费的，我觉得有义务要善待我的舍友。""你说的对。我也该好好理解你为什么这样做。"汤姆若有所思地回应道。

这次啤酒谈话之后，两个人的距离看似远了，但默契更多。如果汤姆拒绝和杰瑞一起去参加活动，杰瑞知道，这不是对他这个人的拒绝，汤姆只是无法参加这个活动；而汤姆也很清楚，这并不是杰瑞对他的控制或依赖，杰瑞只是善意地邀请他参加。杰瑞在问一些问题之前，也会说一句："如果你觉得这个问题让你不舒服了，你完全可以直接告诉我。"汤姆确实会直接说。汤姆在做事时也开始更多考虑别人：杰瑞会感兴趣吗？需要帮杰瑞带一份晚餐吗？他觉得这些感受很新奇，因为在美国时他很少考虑这些。

在汤姆回国前，杰瑞买了啤酒请他喝，感谢他之前的坦诚沟通。“如果不是借喝啤酒之际大家敞开心扉，说不定咱俩会成为别扭的舍友，彼此看不顺眼，但这种感觉又无法说出来，只能憋在心里，你的中国之行没有这么愉快，而我和美国人‘同居’的日子会很郁闷。很庆幸我们能够谈论彼此看不惯的地方，让我们拥有了去除文化误解的日子。”

汤姆举起啤酒说：“让我们为这美妙的文化差异干杯！”

美国洋娃娃

美国女孩萨拉和她的好朋友李洁正在洛杉矶机场接人。周围的人频频看她，因为她手里举着的牌子上写着中文“妹妹”两个字。在等待的时间里，李洁对她们要接的这个“中国妹妹”充满了好奇，她央求萨拉讲一讲怎么会有这个中国妹妹的。

“那是我在中国寄宿家庭中的妹妹。那时，我还是一个高中生，经一个游学机构的安排，假期到中国有数周的游学。当时安排我在寄宿家庭吃住。因为我以前从来没有来过中国，我父母也没有来过，所以我们都觉得住在寄宿家庭比较好。到中国去之前，我和寄宿家庭就有很多邮件往来，完全没有语言上的障碍，所以，我期盼自己会有一个特别愉快的游学。后来我知道那些邮件都是这个妹妹写的。她一直在国际学校上学，所以外语很好。”

“到中国的第一天，寄宿家庭的人来机场接我，他们一亮相就让我很惊艳。你去过我家，你知道在我生活的小镇上，大家穿着都非常随意，平时都是T恤、牛仔，只有个别场合才会特别隆重，但那天寄宿妈妈脚踩“恨天高”的高跟鞋、身穿礼服，还化了妆，简直就是一个明星。寄宿爸爸则是西服领带，寄宿妹妹是一条漂亮的连衣裙，我一时受宠若惊，觉得他们太隆重了！”

“我后来知道，我寄宿的家庭在当地是一个比较富裕的商人家庭。那时外国人还不多见。我不知道游学机构是怎样联系了他们家，但很显然，他们很以一个外国人到自己家寄宿为骄傲。到了中国的头一个月，我没有在家里吃过一次晚餐，都是在外面餐厅吃的，而且那些餐厅的装潢都很好、饭菜都很精美。我从来不知道价格，因为既轮不到我点菜，更轮不到我付账，所以我只是负责出现在那里，坐在那里吃东西。我通常不知道和我们坐在一起吃饭的是谁，但我觉得一定是比较成功的人士，因为他们的精致穿着和谈吐不凡。但他们通常只是对我微微一笑，最多用英文打个招呼，然后就是用中文交谈了。唯一能够用英文和我流利沟通的，其实是寄宿妹妹，她的英文说得很地道，很流畅。如果闭上眼睛，我都听不出来这是一个中国人说的英文。但不知为什么，她很少和我说话，只是偶尔用英文和我交流。在美国我很少出席这样的场合，我并不知道在这样的场合我该说些什么、做些什么，尤其是和中国人在一起时，更别提在我不知道对方是谁时。所以我规规矩矩地吃饭，吃完了就坐在那里。后来我问了寄宿妈妈我能否看书，她说可以，我就会带一本书坐那儿看。一开始进入这样的场合我还挺新奇的，但越来越无聊，到后来我甚至都想不去。

因为我终于知道了我在这些场合的作用。”李洁频频点头，她能理解。她去的那个城市可能没有很多的外国人，与外国人交往被视为一种很有面子的事情。

“有一个周末的早晨，寄宿妹妹敲了我的门，很早就把我叫起来，而且特地把她的一套裙子借给我穿。我被告知等一下有记者来采访我，我需要收拾好等待。我在房间里等着，记者来了，让我到客厅里和寄宿家庭拍照。接下来记者采访，他采访了很多人，包括邻居，唯独没有采访我。我不知为什么，但不好去问。然后一大堆人又消失了。这件事情之后，我真的很难过，我不知道自己做错了什么，人们为什么会这样无视我，没有人来问我是否愿意被采访，也没有人告诉我是哪一家杂志或报纸来采访，也没有人真正来采访我。但我知道，他们的报道一定是和我有关系的。跟美国家人通视频时，我还哭了几次，爸爸妈妈很心疼，说实在不行就让我早点回国。”

李洁安慰说：“也许记者并不是有意无视你，只不过他不知该如何与外国人沟通，说不定他问了很多相关问题，都由寄宿家庭代劳了。”

讲到这里，一个衣着时尚的女孩拖着行李箱出现在她们面前，“妹妹！”萨拉迎接上去，两个人激动地拥抱在一起。她们先带中国妹妹去大学里报到，将她安顿好，然后三个人就坐在咖啡厅里聊起来。李洁急着要知道萨拉后来怎么和中国妹妹关系这么好了。

“是 May 的到来促成了变化。”萨拉接下来和妹妹聊起了 May 的近况。原来，May 是萨拉的一个中国好朋友，当年她回中国探亲时，萨拉父母特意拜托她去看萨拉。后来 May 和寄宿家庭每个人都变得非常熟，甚至在寄宿家里住了几天，所以成为萨拉和中国妹妹共同的好朋友。

“确实是 May 的到来让我看到和美国人怎样交往。”中国妹妹大大方方地说。“那时候我从来没有和外国人面对面地接触过，只在美剧中看到过。萨拉长得那么漂亮，英语讲得那么好，一举一动看上去都很优雅，我根本不知道该和她怎么沟通。那个时候，哪怕只是随便说一句话，我可能都要先打三遍腹稿，确认语法没有错误、单词没有用错、发音没有弄错之后才会说出来，自己弄得很累。萨拉，你别生气，我实话告诉你，那会儿我把你当成一个真人版的美国洋娃娃。你本来就是金发碧眼，属于中国人心目中典型的美国女孩形象，特别适合当美国形象代言人。既然是个洋娃娃，那只能作为摆设放在那里，只能远观不可近交，我和你自然是有距离的。但 May 一来，你马上就变得活泼起来，一天到晚和她叽叽喳喳，笑得厉害时一点淑女形象都没有。而 May 的英语，不客气地说，发音还没有我标准，但她张口就说，完全没有我那么多忌讳。她说错了，你也完全不在意，还能完全理解她。有时她甚至英文夹杂着中文说。我一下子豁然开朗：原来可以这样和美国人交往！好像一下子有种禁锢被打破了。”中国妹妹活泼泼地说。

“对对，你也开始叽里咕噜跟我说话，什么都说，甚至带我去了你的学校和班级参加活动。我也开始问问题：‘在中国，每个家庭都会去餐厅吃晚餐吗？’‘在外面吃饭有什么礼仪？’‘我可以不去餐厅吃饭吗？’还有你爸爸也开始说蹩脚的英文，他说错的时候，我们所有人都笑他、纠正他，他一点儿都不在意我们笑他，很认真地跟我们学。你妈妈在家做饭时，我也会好奇地在一旁看，看这些美味的饭菜是怎么做出来的，我也很想回国后给家里人做。你妈妈耐心地教我，让我帮她做一些事情，剥蒜拿葱，洗碗切水果。我很开心地帮她做这些事情，因为我觉得她是把我真正当作家里人。”萨拉眉飞色舞地讲。

“是啊！我们觉得你刚到我们家时，是一个高冷的美国女孩，不轻易开口，后来发现你还是非常随和亲切的人，也很能说，自然就和你更亲近了。你也表现出对中国文化的好奇，我们一起逛街时你什么都想去看，我们为此还混进陌生人的婚礼酒席中去拍新娘和新郎的照片。”中国妹妹和李洁相视一笑：这确实像老外才会做的事。

“是啊，后来我的中文也越来越好，我有什么要求也会直接说，不像刚去时什么都不敢说，所以大家的沟通越来越畅通。在后面两个月里，我过得很开心，每次和父母视频时都眉飞色舞，我真的觉得这是我在中国的家了。”萨拉说：“等你放假时，我想邀请你去我家玩，我父母很想见见你呢！他们只在视频中见到过你，现在想见真人版。我一直跟他们说你很有明星范儿。”

中国妹妹幽默了一把：“我可不可以提一个要求？请他们不要把我当成‘中国洋娃娃’？当年我们家犯过错误，把你当成美国洋娃娃，所以害得我们之间在第一个月里无法有效沟通。我是一个对美国文化很好奇的中国人。我更愿意真实地体验美国，而不是作为一个洋娃娃被观赏。”她们三个人都笑了起来。

当中国人把美国人偶像化、刻板化，把群体的特征强加在个体身上，就容易出现“美国洋娃娃”这样的故事。而任何一个其他国家的人，不论他们和我们有多大区别，他们都是活生生的、具体的人，他们和我们的共性可能大于和我们的差异。只有把他们当作具体的个体，我们才有可能去了解他们。

最佳倾听者

有一年暑假，一个美国高中生露西来我家进行家庭寄宿。见面乍一看，她长得和中国人一模一样，但一开口就知道她不是中国人，因为她的中文说得很磕巴。我问她是不是中国人在美国的移民第二代，她说不是，而是被美国家庭收养的中国孤儿。听她用平静的语气讲出这样不同寻常的信息，我一时不知该如何反应，本能地说了一个“sorry（对不起）”，觉得不该在一见面就触及别人的伤疤。露西却微微一笑：“You do not need to say sorry（你不需要说对不起）。”

熟悉之后，有一次她主动谈及这个话题，问我们：“你们中国人为什么一听到我说自己的身世脸上就会露出那种表情？我说错了什么吗？我不能这样说吗？”我想起自己脸上当时也是这种表情，没想到她有这样的误解，就对她解释说："你没有说错任何话。可能是中国和美国的文化不同吧！在中国，大多数父母会对自己的孩子是被领养的这一点讳莫如深、缄默其口，有可能这一点是家庭当中最大的秘密，有时甚至是整个家族中最大的秘密。"她有些不解地问："为什么这要成为秘密？从我一懂事我的父母就告诉了我这一点，我从小就知道我是被领养的。这有什么好隐瞒的？"我一时不知该如何向她解释，因为这个解释会太长："血缘和传宗接代在中国有特殊的意义，如果被领养，孩子和父母之间只有亲情，没有血缘关系。尽管在亲子关系上，领养的孩子和亲生的孩子享有同样的权利，但可能在父母、亲戚、周围人眼中，甚至孩子自己眼中，领养的和亲生的还是不同。可能美国人不这样想。"露西掏出随身携带的全家福照片给我们看："我有三个兄弟姐妹，一个弟弟是领养的，还有一个妹妹和一个弟弟是亲生的。我们都是爸爸妈妈的孩子，父母待我们没有任何不同。"照片上是一对白人夫妇和4个孩子，两个领养的孩子一眼就可以被认出，因为他们的肤色明显不同。一家人笑得甜甜美美。露西的父母真的拥有开放的胸怀，他们拥抱每一个孩子，爱每一个孩子。

一开始，我还不敢问她孤儿的身世，怕勾起她的伤心事。后来我问她想看什么书时，她问："你有介绍山东曲阜或孔子的书吗？我想多了解一些关于自己的事情。"原来，她是从曲阜的一个福利院被领养的，那时她还是一个婴儿，根本不记事。养父母待她极好，为了她还专门学了一些中文，家中也放着一些中文图书，她长大后还让她参加了课外中文学习班。父母还穷尽心思为她取了一个中文名字，姓就跟孔子姓了，名字取了一个当地人常用的名字，很乡土，却非常喜庆。为了方便，在幼儿园和学校她还是用英文名，但在家里父母都会叫她中文名字。为了让她了解自己的出生地，父母专门带她去曲阜旅游过。我委婉地问过她对自己的亲生父母有怎样的看法，她说："我不知道他们发生了什么，我也无法知道。我只希望上帝保佑他们。比这一点更重要的是，现在的父母对我很好，我们在一起。我们是一家人。"她的成熟和稳重让我刮目相看。她的父母把她教得真好！

露西也有天真的一面。有一天早餐，我们从外面买了上海人常吃的早点：小笼包、生煎、油条和大饼。她吃得不亦乐乎。从她下筷子的品种来看，她最爱吃的是生煎。她一边说"too hot（太烫）"，眼睛还一边盯着其他的小吃，一看就知道她什么都想尝一尝，但又舍不得放下生煎。我对她说："别急，慢点吃。可以每样都给你留一点，你爱吃的明天可以再买。"她真的爱中国美食，只要看到爱吃的，战斗力就很强。

和我印象中的美国青少年不同，露西是个非常安静的孩子。大多数时候她安安静静地待在房间里。上完课回来了也没有什么声音，有时候我都不清楚她是在家还是没有回来。平时如果不是我们主动跟她说话，她不太主动说什么。我曾问她是否一直这么安静，她点点头，"那和你的朋友、同学在一起时，你也这样吗？"她点点头："是的，他们说，我听着啊！"

露西离开中国前，所有参与家庭寄宿的家庭被邀请去和美国学生联欢，也是和他们的告别。在这样的聚会上，露西非常不起眼，人们很少聚焦到她身上，甚至连表演节目，她都是和别人一起合唱的。但这并不影响她的快乐，她一直笑盈盈地坐在那里，有人和她打招呼，她微笑回应；有人来找她说话，她专注地听着。最后一个环节是颁发奖状。有一些光彩夺目的学生得奖，我一点儿都不意外。但让我意外的是露西也得奖了！她的奖是“最佳倾听者”，她的获奖感言是：“感谢所有的老师、同学和朋友，是你们对我的信任，让我的耳朵有幸能够聆听你们。”

我在很长时间里一直想起这个奖。设置这个奖的人是多么睿智啊！他（她）的眼睛里并不只有那些存在感强的人、气场强的人、成为别人聚焦中心的人，他（她）的心里包容着所有的人，包括露西这样更多使用耳朵的人。这个奖让露西知道：自己的倾听是被别人关注到、是被认可的、是被包容的，她可以安心成为她自己。她不必为了让别人知道她的存在而做不真实的自己。

我现在理解露西身上那种直接和坦荡，不仅仅是父母教得好，而且是她所在的环境包容她和别人的不一样。露西在身份认同上非常清晰，她知道她是谁，“孤儿”和“被领养”只是两个事实，而不是标签，更不是她的耻辱和过错。她不需要别人来刷她的存在感。她可以安心成为她自己，安心成为她想成为的人。

不是所有的存在感都是靠嘴巴说出来、指头刷出来的。有一种存在感，是靠耳朵得到的；有一种存在感不是靠别人刷出来的，而是自己建立的。

兰萨姆的告别

兰萨姆是一个从小在德国长大的中国移民第二代。他来到中国做交换学生。如果他只是站在你面前，你不会发现他和其他中国人不一样，因为他有一张中国人的脸。但他一开口、一做事，你马上发现他是非典型中国人，因为他的思维方式和做事方式和中国人不同。

比如说和他一起过马路，他不但绝对不会闯红灯，而且即使绿灯亮了，他也会转动脖子左看右看，确认 5 米内没有任何车了，才会走。之所以会这样，是因为他刚到上海的时候，也是看到绿灯就过马路，结果有一辆右转的车急刹车在他身边，司机指着他的鼻尖指责他没长眼睛、不看路。他本来就惊魂未定，觉得生命安全无端受到了威胁，再被人这样指责，从此对过马路有了创伤性记忆，形成了一看二慢三通过的模式。这样的话，他过马路要比别人慢好几拍，而且经常被他后面的人撞上，因为全上海的人都习惯急匆匆地走路。他为此非常苦恼："为什么你们中国都那么有技巧，走在那么拥挤的街头可以彼此不发生肢体接触？为什么我没有这种技巧？怎样才能学会？"他对肢体接触非常敏感，被别人一撞，他会立即停下来跟别人说"对不起"，但往往他的"对不起"只能飘散在街头，找不到一个具体的接收者，那个撞他的人已经越过他径直向前走了，他有时都来不及分辨出是谁撞了他。"他们为什么不在我说'对不起'时稍微停留一下？他们为什么不向我说'对不起'？毕竟是他们撞了我。"他不解而气愤地说。

兰萨姆来中国之前从来没有唱过卡拉 OK，来到中国后入乡随俗，很快喜欢上这种娱乐。他的同学们发现他有天籁般的歌声，而且能声情并茂地用多种语言演唱多国情歌。后来校园歌手大赛时，就有人推荐了他，主办方也盛情邀请他参加。开始时他兴致勃勃，不仅增加了排练时间，而且在排练时主动和其他歌手交流。但有些歌手并不愿意和他交流，尤其当他询问别人的参赛曲目等信息时。有热心人悄悄告诉他这些是敏感信息，最好不要打听，他惊讶万分地反问："这个活动的目的不就是把热爱唱歌的人聚集起来吗？我们相互交流会进步得更快啊！"初赛时，他的表现不俗，他的后援团都指望他能杀进前十。但比赛后他却萎靡不振，完全没有了初赛前的劲头。他的热爱好像被抽空了一样。朋友们问他原因，他说："比赛那天评委们给我打分，去掉一个最高分，去掉一个最低分，然后给了我一个平均分，但没有人告诉我哪里唱得好，哪里唱得不好。在宣布最后结果之前，主持人还要我们每个选手拉选票，要我们抬高自己、贬低别人，强调自己一定会赢。这些都让我非常不舒服，因为我参加这个活动不是为了赢，我更不想贬低别人。我很不喜欢这种竞争的感觉。我参加这个活动只是因为有兴趣，而不是想要和别人争什么。”他最终还是放弃了进入决赛的机会。有朋友替他遗憾，他却说这是发自内心的决定。

过了一阵，兰萨姆来向我们告别，说他要回德国。我有些惊讶，因为之前他一直在回德国还是留在中国之间犹豫。因他常常感叹中国带给他的新奇，我以为他会更倾向于留在中国。他说：“中国确实非常吸引我，它在文化和物产上的多样性和丰富性确实是德国没有办法比的。但我是被德国文化熏陶大的，我在某些方面无法适应中国。中国的生活节奏太快了，中国人太想赢了。”他提到了过马路的经历：“在德国，当我作为行人时，我过马路时自然会看红绿灯，但更多时候，是司机看到我要过马路就会主动停车让我先过。我以为这是每一个行人的权利，但来到中国之后，我才知道德国的行人是多么幸运，德国信奉的是谁慢谁拥有的权利更多，所以司机要给行人让路。而在中国，谁快谁拥有的权利更多，所以司机和行人抢路时抢得理直气壮、豪气冲天，如果发生冲突，常常是坐在车里的司机嗓门更响。没有人愿意慢一点，没有人考虑别人的感受。我常常想：大家这么急匆匆到底是为了什么？如果慢一点，会发生什么他们无法承担的结果？”

他还提到了中国人好赢的竞争思维。他说自己从小受到的教育和中国这种竞争性格格不入。他说他偶尔观摩过中国一所小学的运动会，看到小朋友大呼小叫地给本班级的运动员加油、一定要赢对方时，他非常惊讶。在德国小学的运动会更注重的是学生的参与性、趣味性和锻炼身体，但与其说那是运动会，不如说那是身体素质的检测，虽然也有人发令，也有人喊加油，也有裁判在终点计时，但每个人不是和别人比，而是自己和自己比。他看到一些中国同学对竞技类游戏和活动那么上瘾，玩起游戏来就一定要赢对方，他完全不能理解这些，在他看来，这样玩还有什么乐趣？这不是为了自己的兴趣而玩，而只是为了赢别人而玩。他觉得自己周围的很多中国人都迷失了自己，不知道自己为什么会去做一些事情。

兰萨姆最后说："可能是我的名字注定我无法在中国定居，因为我的名字 Langsam 在德文中是'慢'的意思。中国现在太崇尚快了，我只能和它告别。我不知道当我年老时再来中国，中国是否会适合我这样的人居住？"

不是所有的排名都有意义。在有些人的观念中，排名是别人的事情，过自己的生活才最有意义。

迟到的德国专家

2011 年秋天，我接待了两位来自德国的专家。他们是我邀请来的学校短期访问学者。我在德国做访问学者时就已经认识他们，非常熟悉。虽然他们去过世界上的很多国家，但中国他们是第一次来。上海是他们在中国的第一站。

按照德国人的工作风格，一定要提前落实好每一件事情他们才会安心。这两位学者亦如此。他们提前半年预订好机票，而他们所有的行程，在来中国好几个月前都已确定下来。按照中国的待客之道，学术讲座和研讨之外，自然还有参观和游览活动。

没有想到的是，第一次讲座结束后，两位德国专家不约而同地提出："下午的参观活动我们就不去了。"

"是水土不服，还是时差没有调整过来，需要更多的休息？"

“不，我们只是想更好地准备明天的讲座。”

“你们不是来之前都准备好了吗？”确实，他们来之前已经把 PPT 都发给我了。而且，作为这个领域的专家，他们对自己要讲的主题非常熟悉。

“之前，我担心用英语讲专业的问题中国学生不容易听懂，所以我讲得尽可能浅显。而且我以前听说中国学生非常羞怯，演讲后不会提问题。可是，今天讲座之后，我发现中国的学生不仅英语很好，而且非常自信。他们不仅听得很认真，而且提了很多问题，提的问题很有深度。我想要重新调整一下自己演讲的内容，讲更深的东西。”一位专家说，另一位专家也频频点头，并且补充道：“全部结束后，学生还围着我们提了好多问题，这在德国是很少见的。在德国，演讲结束后 60 秒，‘哗——’的一下子教室里就变空了，所有的学生都消失了。而中国学生一直围着我们了解更多信息，从他们的眼睛里我看到了强烈的求知欲望。我很喜欢这种感觉。我也想做一些内容的调整。”

他们举办的几次讲座都获得很大成功。有的学生会追着他们开的系列讲座听。有一次教室里座位全坐满了，不得不临时从其他教室拖一些椅子过来。他们一再感叹中国学生的学习精神，同时更加投入地讲解。

每次举办讲座他们都会提前 15 分钟到场，但有一次他们到了时间还没有出现。打电话给学校宾馆，房间里已没有人。打手机没人接。我对学生说他们迷路了，请大家耐心等候。这是我能够想到的唯一合理解释，因为如果有其他事情，他们一定会提前通知我。按理说开讲座前我应该请学生去接他们，但那天参观校园时，我给他们看过开讲座的地方，他们再三说自己找得到地方，完全不用人接。过了120秒两位学者出现，向大家道歉。他们确实是在校园里迷路了，而且手机没有带，我写给他们的中英文对照的地址没有带，所以尽管提前30分钟就出发，但仍然迟到了。

我之所以会有这样的判断，是因为在德国时发生过一件关于时间的事情：当时，我把一本书落在了一位德国学者的办公室，而我自己没有发现。回去后接到他的电话，说我的书在他那里，他明天会送到我办公室。我谢了他，后来想到第二天是周末，我就自动把他的话理解成“上班那天我把书送给你”。第二天一大早，还在睡梦中的我接到电话，那位学者告诉我：“我不是说今天要把书送到你办公室吗，是上班时才会送，你今天不用专门去办公室等我。”在中国，这样的事情不必专门起个大清早做解释，中国人会自己做变通的。但德国人真的会按约定的时间去办公室等候也说不定，所以要特别打电话做说明。在时间上这么认真的德国人，真的是很难迟到，迟到一定是有原因的，迷路是最可能的解释。

讲座全部结束后，他们安心地开始游览上海的景点。“上海不比世界上任何一座大都市差！”他们感叹道，也非常惊讶上海人走路的速度这么快。当我们乘坐游艇欣赏浦江两岸的夜景时，有一位专家突然说：“我很羞愧，我的国家没有很好地招待你。”

我有点吃惊，他为什么会说这种话，而且用了那么重的词。

“我的意思是，你到德国来访问时，你也是我们学校的客人，但我们学校却没有像你接待我们一样接待你。”

“不必客气。因为我帮你们申请的是学校短期访问学者，你们的食宿和交通费用都会由学校出。”

“你们学校真慷慨！在我们学校这样的项目不多。关键是你招待得好。很难想象德国人像中国人这样细心体贴地对待客人。”

“德国人通常会怎样对待客人？”我兴趣盎然地问。

“德国人会帮助安排行程，可以帮助预订宾馆，是否接机不一定。学术活动之外的行程通常是客人自己安排。费用上区分得非常明确，除提前谈好的费用之外，其他一切花销全部由客人自己出。”嗯，确实是这样。有一次在德国参加学术会议，晚宴是由一家机构赞助的，我没有看清请帖中的小字：酒水自理，结果吃完饭后，看到服务员走到每一个人身边低声地报出费用，然后人们就会掏出一大把零钱给她，因为数额都不太大。我那天很狼狈，因为我没有带包包出来！只好问别人借钱。当时很纳闷：和主餐相比，酒水的费用不算高，为什么赞助方不一起付呢？弄得这么麻烦。既然是请客，为什么只请半截呢？但在德国人眼里，这种做法是很正常的：主餐可以是一样的，但酒水一定要自己选。你选择了什么就付费多少，主人提前告知你了，这合情合理的。如果中国人这样请客，会很丢面子吧？在中国人眼中，合格的主人是替客人着想，为客人打理好一切。在德国人眼中，合格的主人是给客人留下足够的时间和空间，让客人自己安排。

借那些来中国讲学的德国学者的眼睛，来看上海和上海的大学生。透过他们的眼睛，让我更加看到中国和中国学生是多么可爱。

做一个敢于说不的国际化职业人

在一次做项目的过程中，我接触到一个非常国际化的管理者G先生。他出生于匈牙利，先后在德国、中国和一些亚洲国家工作过，从一个工程师成了职业经理人。在他的经历中有五点给我留下深刻印象：拥有职业梦想；热爱工作和新文化；用心工作；敢于并知道如何说“不”；尊重他人；掌握东道国的语言。下面一一细述。

拥有职业梦想

G先生说：

我的印象中没有中国人跟我谈过他（她）的梦想，不论是职业梦想，还是其他梦想，但梦想对一个人来说非常重要。职业梦想定义着一个人发展的方向。在管理中我也常常用梦想来定义我的工作目标。我不能想象没有梦想的生活。我的职业是从小时候的梦想开始的。

我出生、长大在匈牙利。从小我就对汽车感兴趣。我那时的梦想就是将来从事和汽车有关的工作。周围所有人都笑话我，‘忘掉这个梦想吧！’他们说，‘匈牙利没有自己的汽车产业。’是的，那个时间没有。但我从来没有忘掉我的梦。当我17岁时在搬家后拥有自己第一间房间后，我马上想到在墙上贴汽车海报。但那时匈牙利买不到汽车海报。怎么办？我给世界各国的汽车商写信，向他们索要海报。没有任何回音。我渐渐淡忘了这件事情。但有一天，妈妈接到海关的通知，要我们去领东西，在海关，我见到了一个长长的卷轴，打开一看，是德国一家著名汽车公司寄来的汽车海报。我把它贴在了墙上，并且对自己说：‘将来我要在这家汽车公司工作。’很多年后，我终于如愿。

拥有梦想，是人类的天性。每个人都有权利拥有自己的梦想。

职业的梦想相当于是一颗种子，我们一旦种下这颗种子，种子就会自己成长。而种子成长的力量是巨大的，它会汲取自己所需要的营养，不论来自大地还是阳光、雨露；会有自己的方向，喜阳就会寻找阳光，喜阴就会寻找阴凉；会有自己的力量，经得住风霜雨雪。而有职业梦想的中国大学生并不多，不，更准确地说，职业梦想的生存空间太恶劣，有些学生不敢有梦想，觉得梦想是一种奢侈；有些学生梦想的种子被埋得很深，每一次打击都会把种子踩进更深的土里。在中国文化中，“梦”的小篆字形，由“宀”(房子）、“爿”（床）、“瞢”（不明也）三字合成，意为夜间在床上睡觉，眼前模糊看不清。繁体字“夢”由“苜”(眼看不清)、“冖”(人的变形)、“夕”（晚间）三字会意。这样的解释并没有赋予“梦”力量感。所以，中文的“梦”和英文的“dream”在含义上会有不同。尽管有文化差异，但大学生可以善用梦想的力量。不论当下的环境如何，大学生要有意识地种下自己职业梦想的种子。

热爱工作和新文化

G先生说：

我是20世纪90年代初第一次来中国。那一次就让我对中国着了迷。6个月后我回德国工作。我见人就说中国怎么好。两年后公司要在中国成立办事处。我心里非常想申请到中国工作的机会，但我知道自己太年轻，经验不够，而公司只外派高管，所以一直没有勇气申请。但过了几天，有一个人来找我谈话，说：‘我正在为中国办事处物色人选，有好几个都向我推荐了你，说你非常热爱中国，会愿意在那里工作，是吗？’我欣喜若狂。后来他成了我的顶头上司。按我当时的情况，我确实资历太浅，但由于他经验非常丰富，所以他愿意，也有能力培养我，所以选择了我。我觉得那真是非常好的机会。

在G先生的描述中，我发现热爱对他有着重要的意义。他从小喜欢汽车，长大后一直从事和汽车有关的工作，一做就是20多年。他能够来中国，和他的热爱也分不开。热爱促成了G先生职业发展中的关键几步：进入汽车行业；从一个技术工程师转变成一个管理者。有热爱、有激情，对新文化有开放心态，有好奇心，享受异文化的差异，对全球视野的职业人来说非常重要。两个工作能力完全一样的人，让其职业生涯发展有区别的关键点会是热爱、激情和好奇心。

用心工作

G 先生讲了这样的一件事情：

当公司开拓中国市场时，要求所有的分销商必须按公司的标准流程操作。如果客户开了车到公司来做检查和保养，接待处要按标准流程走，第一步是拿出一张检查清单，按清单把整部车子做一个全面检查。这张清单是公司总部做的，分为好几栏，写得非常清楚。有一次，我到一家分销商去检查工作，无意当中发现他们用的检查清单并不规范！虽然我读不懂中文，但显然格式就不一样！怎么会发生这样的错误？公司绝对不允许不标准的流程！我当场就发火了。那个售后服务经理开始吓坏了，但当他明白我发火的原因后，他向我演示了如何用那张工作表工作。他站在一辆车的车头处，手里拿着检查清单，一个部件一个部件地检查，然后到车的侧面、车的后面、车的另一面，当他回到车头处时，清单表上所有的部件都检查完了，没有多走一步路。他解释说：我们并没有改变检查的内容，但我们改变了格式，并且把它中文化。以前按英文清单检查时，因为那张表是按零部件的类别来列的，需要来来回回地绕着车子跑很多趟，现在就不用这么麻烦了，而且中文看起来更方便。我明白过来后，对这位经理竖起了大拇指。这份清单后来在中国被推广。

这位经理是一个有心人，热爱自己的工作，投入自己的精力，所以会有这样的改革，虽然小，但很有意义。用心和不用心，有时候结果是不一样的。组织承诺感、员工卷入、工作满意度，这些对组织绩效有意义的概念背后，都有一个共同点：做工作中的有心人。

社交达人碧扬卡

碧扬卡是来我们学校交流的德国留学生。在来之前，我记得最清楚的就是她预约我开 skype 会议。在留学生来我这里之前，通常我们是用电子邮件沟通，但碧扬卡很特别，她想在来中国之前就在德国预先收集一部分数据。她需要我的指导，所以预约我的时间开网络会议。她来之前，我们就已经在网上见过几面。

她人还没有到中国，但已经通过邮件和我预约好了第一次见面的时间。她是我在春节过后工作时间里见的第一个人，因为学校还没有开学，但她急着做项目，所以我是在假期里见的她。简单寒暄过后，她打开一个笔记本，一个问题一个问题地问，不时地做一些记录。问完了，她干脆利落地表示没有其他问题了。当时我觉得很轻松，因为我只要负责帮助那些她自己无法解决的部分，而不用从头到尾再把所有的事情和她讲一遍。她的独立能力很强，当我确认她在学校的食宿、生活方面是否需要我帮忙时，她说自己已经全部安排好了。

碧扬卡做的是跨文化研究项目。她需要给有跨国经验的留学生发放问卷。她同时在线上和线下发放。线上的部分她自己处理，线下的部分，我帮她联系了一些高校，由她自己去发放纸质版问卷。我本来担心她人生地不熟，安排了人和她一起去，没想到她已主动找到了项目组的同学一同前去。虽然在项目组开会时，我请她做了自我介绍，但一大屋子人，我不知道她有没有记住别人的名字。没想到她这么快已经和大家熟悉起来了，在开会的间隙见到她和组员们用称兄道弟的方式聊得热火朝天。

她去一所高校发了问卷，回来跟我商量：“我这次去发问卷时，遇到了一个外教，他很热心，详细问了我正在做的项目，我做了解释。他对这个课题很感兴趣，想请我给他的学生做一个讲座。我想征得你的同意。”我同意了。她很快做好 PPT 发给我看。我发现她思路很清晰，想来听众应该有收获。不出所料，她讲得很好，讲完后，学生们提了很多问题。外教请她以后有机会再讲一次。

她在发放问卷的过程中，表现出来惊人的通达能力。当她到我的留学生班上去发问卷时，她先旁听我的课程，然后上课时举手发表自己的看法。因为她的观点很有趣，所以没有人跳出来说：“你不是我们班的学生！”下课后，她和学生们聊天，很快就和他们打成一片。快下课时，我告诉大家下节课前要阅读的材料，有学生哀叹说没有这本书。碧扬卡举手说：“我有这本书。我可以把这一章扫描成电子版，发到大家的邮箱或微信里。”下课后，她请所有要资料的人写下邮箱地址，还扫描大家的微信二维码。她及时地把资料发给了每个人。后来当她请大家帮忙做问卷时，所有人都帮了她。后来有一天她专门拎了一大袋糖果进教室，每个人都开开心心地挑选自己喜欢的口味，她说这是谢谢大家帮助她回答问卷。我好奇地观察着她，看她怎样从一个编外成员成为班级一分子的。班上同时还有旁听的中国学生，我也会邀请他们发言和参与，但一个学期下来，中国学生主动和外国学生互动得非常少，走出教室后仍然是陌生人。

到某些班上去发问卷时，她只能利用课前、课间的时间和同学、老师交流。有的老师比较热心，会允许学生回答完问卷再上课。有的老师不会留任何时间，她这就和学生商量："你带回去做，我明天同一时间再来收问卷。"第二天有些学生带来了，有些学生忘记了，她耐心地再约下一次收问卷的时间。细心、耐心和坚持，使得她收到了一批高质量问卷。

给我留下深刻印象的还有碧扬卡在网上发问卷的能力。她后来收到了几百份国际学生的问卷，我很好奇她是怎么做到的。她说对在中国的留学生，她会加入各个微信群里，在群里很活跃，回答别人的各种问题，介绍自己的课题，请别人帮忙回答问卷。对在外国的留学生，她加入了很多 Facebook 群，她通常是按国别来搜索，如在中国的日本留学生群、在俄罗斯的德国人群等，找到这些目标群后她加进去。在不同的群里她都保持活跃。最多时，她加入了一百多个群，所以每天她花很多时间在群里做沟通工作，让自己被不同的人记住，并且让别人愿意帮助自己做问卷。

碧扬卡解决问题的能力和方式也给我留下深刻印象。快放暑假时，她的宿舍网络不好，她先是来问我有什么办法，说她已经去过不同的宿舍尝试过，应该是整幢楼的网都不好了。我没有什么好办法，提议她要不试一下图书馆的网络。她去用过，说还是速度很慢，她没有办法下载文献。她有些焦虑，告诉我她每天都有需要完成的任务，因为网络不好，她无法完成。我提出她可以用办公室的网络。于是，在我离开办公室时，我把钥匙留给了她。第二天她沮丧地告诉我还是不行，校园网是正常的，但她需要登录的外国网站还是打不开。她说自己已经尝试过各种办法，去过咖啡馆，去过朋友家，在那些地方，网速都很快。“但我不能一直打扰我的朋友，我也无法一直去咖啡馆用网络，因为这意味着我要额外消费。我来学校已经付过费用了，网络是学校应该提供给学生的基本设施。”她问我能否反映给学校，需要反映给什么部门。我还真的不知道，因为很少有中国学生这样做。大部分中国学生都是自己想办法解决问题，但她坚持认为这是学校应该解决的事情。我帮她查了相关的程序。她飞快地写了邮件给留学生办公室。过了两天，留学生办公室给她回了邮件，说已经询问过有关部门，学校的网络正在维修中，说下个星期会修好。碧扬卡耐心地等了几天，她再试，国外网站还是打不开。她马上给信息办公室写邮件。因为是假期，没有人回复她。她垂头丧气地来找我说，如果网络再不好，她要考虑回德国去做事情，否则她完成不了论文。我吓了一跳，有这么严重吗？她问我还可以反映给什么部门。我帮她再到网上查相关部门，她飞快地写了信。看她实在焦虑，我犹豫了一会儿之后开口：“如果你实在急着用网络，要不到我家里来用吧！”因为很忙，我很少会让学生到我家工作，但看她的样子似乎很需要帮助。我们商量好时间。到了约定的时间，她背着一个双肩包上门。她拿出电脑就开始工作，狂喜地告诉我网速很快。她自己带了一瓶巨大的饮用水，坐下就不动。工作到中午比较晚的时间，她说她要到外面吃个午饭再回来。我也一直在忙，但我觉得让她出去吃也有点奇怪，于是简单地煮了面，她吃得非常满足。连着两天她都过来，专心地坐一天，效率极高。在学校工作这么多年，第一次有学生专为蹭网来我家。

碧扬卡来到中国就参加了中文的课程。几乎每周见到她时，她的中文都在进步，她一点儿都不怕别人笑话她。开会前哪怕只有几分钟，她也会用软件学中文，所以会议室常会听到她播放出来的拿腔捏调的中文。开始时，我们开会还用英文说，等她开始往外蹦中文词时，我们就开始中英文混用。每次她都凝神屏息地看着发言者，似乎可以听懂所有内容。我时常问她是否听懂了，她会讲她听到的内容，有时她确实听懂了，有时她说的离题十万八千里，大家哈哈大笑，她自己也跟着笑。她利用一切机会和我们讲中文。

她的中文一级一级地考出来。等她来到中国四五个月时，她就背起背包去旅游了。和她同行的留学生只会说两句中文，全部都指望她来问路、确定住宿、买票、决定吃什么，总之，一切和中文有关的事宜全部交给她了。她居然也把一切都搞定了，能用中文的地方她绝对不用英文，对方不懂她就多说两遍。她刚来中国时，一句中文都不会，但她走时，已经可以单枪匹马在中国闯荡了。到后来，她可以用中文磕磕巴巴地参与我们的讨论。她的语言天赋给项目组的人一个错觉：她的中文好到可以做双语翻译了。等项目组的人拿了中文材料请她翻译成英文时，她大惊失色，一个劲儿地说“不”，我们这才想起来她学习中文毕竟只有几个月的时间。

碧扬卡只是德国留学生中一员。她有着德国人的守时、严谨、较真、认死理，同时又有着年轻人的热情和好奇。她也会粗心大意，也会做错事情，也会情绪化，但她计划性、行动力和独立能力很强。每次她提出问题时，同时也会提出她自己的解决方案，所以我只需要补充或纠正她的解决方案就可以了。有时我提出一个建议，下一次她再来找我讨论时，就会拿出数据告诉我结果是什么，这样我们就可以很快做出一个决定和判断，而中国学生往往想要我直接告诉他们结果是什么。她非常善于和人打交道，很快和别人建立关系，在帮助别人的同时也让别人帮助她。中国学生放不开、束手束脚或感觉很难的事情，她会一步步去做。当她遇到困难时，就按自己的方式去解决，坚持不懈，并及时求助。

跨国旅行之伤
——中国小伙和他的美国女朋友

在一次朋友的聚会上，B 的父母一个劲儿让 B 好好和我谈一谈。“到手的女朋友可能都要飞走了，唉！”他们唉声叹气。B 虽然没有愁容满面，但也是眉头紧锁。他在美国留学数年，除了收获学位，还收获了爱情。他带了女朋友 G 回家见父母。两人的关系却因这次中国之行变僵了。

我请他先讲一下事情经过。B 动了动嘴角，拉出一个很难看的微笑：“G 是一个非常可爱的美国女孩，我们认识有半年了。她很爱我，在回中国之前，她也通过我了解了中国的一些情况。她表现出对中国文化非常感兴趣，我一直期待让她了解真实的中国，这样我们的共同语言更多一些。所以上次回国前我好好策划了一下，除了让她见我的家人，重要的内容就是旅行，看遍中国的山山水水。我特意挑了 9 月底回国，我觉得这时是中国最美的季节，不论是在北方还是去南方，都是最适宜旅游的黄金季节。回国后，我爸妈对她非常满意，所以我全部心思就放在让她好好了解中国上面。这可是她第一次出国呢！我千计划万计划，回国后还是遇到了意想不到的困难。第一个困难是买火车票。我想让她体验一下中国的高铁。买火车票我的第一反应就是上网买。买我自己的没有问题，但买她的就有问题，看铁道部的规定应该可以用她的护照来买，但我就是操作不成。我正在反复尝试时，G 说：‘你们政府是不是歧视我们外国人啊？买个票怎么这么长时间都买不成功。’我知道她是无心地随口一说，但仍然有轻微的不舒服。后来是到火车票代售点买了车票。”

“你是不是感觉有点像自己家里人自己怎么说都可以，但外人一说，你就很不舒服？作为中国人，你怎么说中国不好都可以，但外国人一说，你就想要替中国辩解？”我问。

“对对！就是这种感觉。”B 连连点头。“我们接下来的困难也多少和这一点有关。在中国遇到的第二个困难是 G 不习惯中国的人多。我后来知道我非常失策地选了十一旅行。我当时带着侥幸心理，觉得我挑那些大自然的景区，可能会和市区的人流错开。我错了，我错得非常离谱。太久不在中国，我低估了国人的旅游热情。不论我们去的是深山老林还是万里长城，到处都是人，似乎地球上的人都集中到了我们去的景区。不仅欣赏不到真正的景色，而且连做一些简单的事情都变得艰难起来，比如说上厕所、吃饭、乘车。G 不只是不习惯，她是完全被惊吓到了。在人特别多的地方，她紧闭着嘴唇，什么也不说，但我知道她极度不舒服。

我还可以苦中作乐，想尽量玩得高兴，她则完全没有旅游的兴致了。但所有的行程都订好了，所以我还是带着她北上南下。”

“但状况越来越糟对吗？”我问。

“是的。如果说人多是破坏了G旅游的兴致，我想别人的挤、撞、碰对她则是灾难。我在美国待了这么多年，我知道美国人非常注意保持与别人的距离，如果不当心碰到别人，一定要说对不起。但中国人没这样的习惯啊！在火车站上车时，大家虽然也在排队，但挤挤挨挨，前后都是人，碰着别人或被别人碰着都是非常正常的。G非常不习惯，她不停地躲着别人的碰，我也尽量护着她，但难免还是会被别人碰到。在车厢里也是如此，放行李的时候、走过路过的时候，常会有人擦着或碰着，她非常生气，常用大眼睛瞪那些碰着她的人，还用英文说别人是粗鲁的人，而对方则毫无知觉地从她的身旁走过。我时常劝她，说这些人不是有意的，让她别介意。有一次，她在马路上被一个迎面走过来的人碰到了胳膊肘，她停下来，等着对方的道歉，而那个人停都没停地继续往前走了。她涨红了脸，冲着那人的背影大叫：‘Shit！’路人都诧异地看着她，我赶紧拉住了她。我们乘坐过高峰期间的地铁，人贴着人，她都快哭了，拼命推碰到她的人。我非常吃力地护着她，向她解释人们身不由己。”

“你有想过选择人没有这么多的交通工具吗？”我问。

“我确实想了，后来我们决定租车旅行，这样比较自由，也没有人挤我们。没想到开车旅行也遇到了问题。她开始坐在副驾驶的位置上，但她在那里不停地惊呼‘My God!’看到行人在我们绿灯时施施然从我们的车前穿行她会叫；看到有车强行超车时她会骂；看到有车硬生生地拐到我们前面她也叫。我也受到不小的惊吓，后来她主动要求坐到后排去，这样她眼不见心不烦，不用看那些在她看来险情频出的情境。开了一天车之后，G 要求我把车退了，因为她提心吊胆了一整天，实在受不了了。我也不想让她过度担心，就退了车。”

“但你的情绪也变得焦虑易怒了，是吗？”我问。

“是的。”B 抹了一把脸，好像要把那些情绪抹掉。“压倒我们的最后一根稻草是行程。现在回想起来，我那次旅游安排得太紧张了。”B 遗憾地说。“那次我安排了北上南下多个地点的旅游，每天的行程都很满，白天去景点玩，晚上去吃小吃，不要说她，其实我自己也觉得疲惫不堪。我太想让她了解中国了，而中国那么大，我想北方、南方、内陆、沿海各去一个地方，让她领略中国上下五千年的厚重、多样化和博大精深，想让她对中国有感情。但她看到了什么？”B 的脸上浮出了一丝恼怒。“有一次去逛夜市，看到一个烤肉摊前挂着一整头羊，周围的食客吃得津津有味，她觉得简直无法忍受：‘太血淋淋啦！怎么可以这么野蛮！’我向她解释这是店家招揽生意的方式，只是想说明食材很新鲜、很真实。而她则不光不吃，还拍了照片给她在美国的家人看，结果她妈妈说：‘哦，天哪！我不打算来中国了，因为我害怕那只羊会咬我一口。’虽然有半开玩笑的性质，但我还是觉得她们太夸张了。她们的反应这么强烈，有时也觉得我的解释很苍白，干脆不解释了。”

“你很担心她会嫌弃中国，嫌弃你，是吗？”

B 苦笑了一下：“她没有说她嫌弃，但我心里很不舒服。中国纵有千不好万不好，我说起来可以理直气壮，但如果她一天到晚有不满，我其实会觉得她跟我很生分，觉得她不接受我的祖国，觉得她其实也是在不接受我。心里总归有疙瘩，觉得她嫌弃了中国，也会嫌弃我。所以旅行到后来，我也不做任何解释了，随便她怎么想。我们的关系现在也僵在那里。”

“我想先确认一下，G 在来中国之前去过其他国家吗？”

“没有。她到中国还是第一次出国呢！”

“她之前一直在城市里生活是吗？”

“是的，用中国话来说，就是麦苗和韭菜都分不清的那种城里人。”

“所以，她到中国来，不仅是第一次到中国，还意味着第一次出国，第一次去乡村。可能最主要的问题是让她过快、过深地暴露在中国文化中，她会觉得信息铺天盖地地涌现，太多的文化冲击，她有可能不知所措，本能地用自己的价值观去做判断。而你会把她的反应当作负面的反应。”B 连连点头。

“你的行程安排得太满了。她其实需要一些时间和空间来倒时差、做一些调整，需要有一个喘息的机会，但你没有给她这样的时间和空间。疲劳加上在新文化中的不确定感、陌生感，她会非常焦虑，而且没有安全感，会非常容易生气和情绪低落的。这就像一个从来没有晒过日光浴的人，如果突然在烈日下暴晒，会晒伤皮肤的。需要有一些防护措施，并且循序渐进地进行。”

“确实是这样。”B 点头。

“还有，你们在深层次还有文化身份感的冲突。在美国，她有可能意识不到你是中国人，因为你讲英文，和她聊同样的话题、吃同样的食物，但到了中国，她切切实实感受到你是中国人，而她是美国人。当你和周围人眉飞色舞地讲中文时，她连一个字都听不懂。那些小吃你食欲大开，吃得津津有味，而她却难以下咽。她可能第一次真实地感受到：这就是你长大的地方，这就是你生活过的环境，而她对这里非常陌生。可能她的一些反应也会时时让你意识到：如果真的和她结婚了，这种反应还会再出现。娶一个美国女孩意味着什么，在你们的旅行中，你第一次真实地有了感受。这些元素会被你们装进行囊，伴随着你们的旅行。所以旅行不会轻松。”

“确实是这样。”B 若有所思地说。“回头想一想，我应该更理解她。她是个从来没有出过门的，在美国城市里长大的姑娘，眼界其实还没有我开阔，对很多事情大惊小怪是正常的，而我过于在意她的反应，可能潜意识里希望她不仅愿意做一个中国媳妇，而且能以做中国媳妇为荣。现在想来，我这个要求过高了。我想我应该和她好好谈一下。希望她在旅行中受的‘伤’已被疗愈。”

中国学生与法国学生的斗智斗勇

法国一所高校在中国建立了中国校区，每学期会有几百名学生从法国本部来中国校区进行为期一个学期的交换。为了更好地让法国学生体验在中国的学习和生活，学校每年会招募中国学生，参与到交换项目中，和法国学生一同学习所有的课程。我给法国学生上如何适应中国文化的课程，了解到整个项目和课程的设置很有意思，而且中国学生是免费参加这个项目，所以我曾经推荐学生去参加这个项目。有一天，我接到法国方面的电话，说我推荐的一个中国学生艾利斯中途退出了项目，想请我帮助了解一下原因。

我非常惊讶。因为这个项目的筛选非常严格，中国学生除了自己要有意愿参加、要填写项目申请书之外，还要经过面试和选拔，大多数中国学生都会非常珍惜这个机会。艾利斯是个非常勤奋的学生，平时也文文静静、不大说话的，怎么会做出这样一个激烈的举动？

我请艾利斯有空到我办公室来聊聊。艾利斯一进门先道歉，然后轻声说："法国人太瞧不起中国人了，我不再想容忍下去。"我请她坐下慢慢说。

"刚开始参加这个项目时，我兴高采烈，带着一腔热情，想要和法国学生建立良好关系，也想尽一下地主之谊。最开始您带我们做的'文化探索'活动，要我们去上海的各个地方去看，去拍具有文化差异的相片，那时我和法国学生还相处得挺好，去的地方也是由我确定，我带着大家乘坐地铁，教他们怎么用筷子。但那天拍照片时，我的感觉有点不太好。你知道法国学生拍什么吧？他们拍中国人睡觉的照片！开始是我们经过一家熟食店，下午两三点的空档期，卖熟食的小妹趴在台子上睡着了。我都已经走过了，他们围在那里拍，叽里咕噜说了一大堆，我也没听懂。接下来，他们就盯着睡觉的人拍。你想那几天'秋老虎'，晚上没睡好的人白天抓紧时间睡，在公园里他们拍了在长椅上睡觉的阿伯，在小店的门口，他们拍了在躺椅上睡觉的阿姨，还拍了睡在人行道上的乞丐。这还不算，他们还拍了蹲在路旁的民工、蹲在商场门口休息的人，他们自己还蹲下来要拍合影，说从来没有在法国用过这个姿势。我拒绝了。反正吧，那一天尽管我没有说什么，但心里不太舒服，总觉得他们是来挑中国人的毛病的。"

我记得后来总结活动时，确实有小组呈现这些照片，可同时他们也呈现了一些中性的或积极的方面，如看到上海居然用竹子搭脚手架，觉得不可思议；拍了上海的街道，说比法国的街道干净。我没有想到中国学生会有这样强烈的情绪反应。

“后来大家一起上课、做项目。在我的观念中，按时完成老师交给的作业是天经地义的，结果和我同组的法国学生却挑战了我的这个观念。老师布置了小组作业，我第一反应是尽快完成，所以约他们一起来讨论。我想约在一大早 8 点，这样讨论完了大家还可以做自己的事情。我还跟他们开玩笑，说中国古语曰‘一日之计在于晨’，结果组员 A 说太早了，他还在睡觉；B 说他住校外，赶不过来，推到 10 点；C 说他和朋友有约。那就索性到吃过晚饭之后，约在晚上 6 点，结果 D 说他要请家教上中文课。推到晚上 8 点 E 说那才是他的晚餐时间。我心里真是火冒三丈：你们不能调整一下自己来适应整个小组吗？艾利斯和 B 你们不能起早一点吗？ C 和 D 不能把约朋友和家教的时间推一下吗？ E 你不能调整一下晚餐时间吗？怎么每个人都那么自私呢？这样的事情不是偶尔发生，而是在每次我们组织集体活动时都会发生。我们见面的次数被大大压缩，到最后一天眼看着弄不完了，我提议大家一起做一个通宵，谁知他们叽里咕噜讨论下来的结果是给老师写邮件，要求推迟一天交作业。他们马上给老师发了邮件，老师居然同意了。我第一次知道交作业的时间也是可以 negotiate（讨价还价）的！我真服了他们！”中国人和法国人的时间观念是非常不一样的，但我没想到会让艾利斯有这么不舒服的感觉。

“哦，还有小组讨论的地点。我觉得教室是最理想的地方。他们上课的条件蛮好的，教室很多，我们可以找一个空教室。但他们不喜欢用教室，B 提议去他租的房子，说可以煮咖啡给大家喝，

C提议去咖啡屋吧，说氛围轻松。他们是来享受的还是来学习的？我真的无法理解他们。”

“我觉得作为一个团队，做小组作业时大家应该在一起，这样方便讨论，但他们似乎不喜欢这样。他们更喜欢的是分配好任务后各做各的，做好后汇总在一起。反正，我觉得一点儿都不像一个团队。我觉得最受不了的是他们在一起就说法语，我像是被排除在外的局外人。”其实在最开始时宣布过规则，他们的工作语言是英文，在公共场合应该讲英文。“你没有提醒过他们吗？”我问。“提醒过啊！提醒一次，提醒两次，事不过三，再提醒下去就没意义了。和中国学生在一起讨论时，大家会一个人说完另一个人再说，但和法国学生在一起，我不抢就轮不到我说话。我很不喜欢这种感觉。反正我把我想说的说完了就可以了，至于听不听是他们的事情了。”

“我们第一个项目做完后，我提议大家去撮一顿以示庆贺，结果他们一定要去酒吧！我勉强跟着去了，结果里面音乐声震天响，大家说话都得吼着说，我觉得太费劲了。早早地我就离开了，结果听说他们那天去了两家酒吧才尽兴而归。”

“反正吧，我觉得法国学生瞧不起中国人，跟他们在一起学习我很压抑。本来也想坚持到最后，但现在看到他们我都不想说话，这样的状态显然无法继续参与项目，我只能退出。”艾利斯愤愤地说。看来是一些小的事情导致情绪上的不愉快，不愉快的累积导致艾利斯采取了被动攻击的行动：我不满，但我不说。我不说，但我退出。

我和法国老师沟通了一下。他也找了法国学生谈。那边的反馈是："在小组讨论中艾利斯很多时候都不说话，也不发表自己的意见。他们不知道艾利斯是怎么想的，当艾利斯很长时间不说话时，他们就会说法语，因为他们觉得反正艾利斯已经决定不参与了，说法语工作起来会更快。他们觉得艾利斯不合群，而且和她在一起不好玩。"

从艾利斯的经历中，我感受到：只有和外国人在一起时，我们才能清楚地意识到我们是中国人。而当我们的文化身份感被启动时，就会不自觉地保卫自己的文化和民族形象，而且有时会过于敏感，会把一些无心的、中性的观点当作攻击。艾利斯可以更开放一些，把文化差异只当作文化差异看待，而不是上升到两个群体、两个民族的态度上。在遇到文化差异时，需要双方真诚地进行沟通。如果像艾利斯一样一味地运用隐忍、什么都不说的策略与外国人交往，最后的结果可能是误解加深，合作中断。如果她早一点把自己感受到的不舒服直接表达出来，对方还有解释和调整的机会，而如果她什么也不说，双方都没有调整和适应对方的动机和行为的机会。在跨文化沟通中，如果负面情绪主宰了行为，最终的结果是双输。

法国学生的告别晚宴

又要送走一批前来参加中法交换项目的法国学生。作为上课老师，我受邀参加他们的告别晚宴。因是管理学院的学生，很讲究，晚宴安排在五星级酒店，在请帖上还有服饰的要求："扭曲的"商务休闲风格。我充满了好奇心，想去看看这种风格会是怎样的。

请帖上写的是晚宴于六点开始。但由于是我没有去过的地方，怕路上耽误，所以特地提前一些出门，结果我提前 15 分钟到。进到宴会厅一看，嚯，到的都是中方学生和老师。中方学生已经挑了角落里的一张桌子围坐下来了，我笑着问他们等会儿要不要和自己项目组的法国学生坐一起："不了，我们中国学生坐一起可以讲中文，今天晚上想轻松一下，不想再和法国学生用英语费脑子了"。一个女生笑嘻嘻地回答，其他学生纷纷点头。后来法国学生到了之后是随便坐的，我看到也有法国学生坐在中国学生所在的桌上。

六点整的时候，一些法方老师出现了。我在他们身上看到了“扭曲的”商务休闲风：一位男老师的领带夹是用的上了色彩的木质晾衣夹，一位女老师的头上戴着一朵出奇的大头花，还有一位女老师优雅的裙装外披了条褴褛的围巾。

六点十分，法国学生陆续出现了。我惊讶地发现所有的法国学生都精心打扮过，尤其是女生，平时上课时 T 恤牛仔的女生们穿上了礼服，化了妆，有些人还做了头发，男生们也都是西服领带，一个个都变身为职场精英，我一时都没有认出来这是我平时教过的学生。相比之下，中国学生朴素多了，仍然是学生的样子，而且在其身上看不到“扭曲”风格。

晚宴到六点半左右才正式开始。重头戏不在吃的上面，而在表演的节目上。学生是表演的主力军。他们表演的节目不像在中国晚会上那样多才多艺，但更强调创意性和即兴性。有一个学生表演了脱口秀，我觉得很像中国的单口相声。他选取了学生考勤用的打卡机作为对象，怪腔怪调但又活灵活现地学起打卡机中的机器人声音：“重刷一遍！”他借着打卡机，不动声色地“控诉”了项目负责人是多么严格、多么无情，也借机嘲讽了一些老师的刻板、发音奇怪，所有的人在台下笑得东倒西歪，我看看项目负责人，他笑得眼泪都出来了。围绕着打卡机发生的种种事情，这个学生回顾了他们来到中国的所有过程。最后台下所有人都和台上的人一起大吼：“重刷一遍！”现场氛围很嗨。

随着现场一个又一个节目的出演，我不得不说，法国学生确实玩得更有创意。除了各种表演外，他们评选了最佳老师、最佳团队。而让很多人都感动不已的是他们把一个“助人奖”颁给了一个学生秘书。那时秘书还在台下忙着搬奖品，突然就被叫到了名字，请到了台上，收到了一张大大的海报，那上面有所有同学的照片、签名和祝福，感谢她在项目中对大家的耐心和付出。现场大家排长队和她一一拥抱。秘书感动得流下眼泪，“我一直都在做我应该做的，但我不知道你们会记得这些”。

我离开晚宴时已是 9 点多。我在门口和四五位法国学生相遇。我惊讶地问他们为什么会来这么晚，是不是记错时间了：“哦，没有，我们知道通知上写的是六点开始。但你知道，法国的晚宴从来都不会准时开始的。”其中一个学生耸耸肩回答我。“但你们也太晚啦！”我说道。“你知道，我们明天就要开始在中国旅行，我们订好了明天早上的车票，所以要收拾好了行李再来。行李太多了。”那个学生解释道。“那你们可以先来参加晚宴，回去后再收拾啊！刚才各个组在表演节目、合影，他们找不到你们。”我说。“没关系的，我们现在去照。我们晚宴后会去酒吧，要好好庆贺一下，打算玩通宵，所以必须要先收拾行李。”

学生们进去了，但我回去的一路上都在想这件事情：晚到的学生觉得自己的安排比集体活动更重要，所以他们会毫不在意自己的迟到，而且毫不犹豫地直接告诉我真实的原因。如果是中国学生，很少会做这样的安排，通常会先考虑集体活动，再安排个人的事情。即使这样做了，恐怕也是一边收拾东西一边心里惴惴不安，觉得对不起同学、对不起老师，进场时也会满脸歉意，觉得自己做错了，解释时一定也会另外找理由，比如说身体不舒服或其他的客观理由。

中国人和法国人的不同在晚宴活动中表现得淋漓尽致：在时间观方面，中国人早到，而法国人晚到。在中国人的时间表上，集体的事情重要性更高，而在法国人的时间表上，有可能个人的事情更重要或和集体的事情同等重要。即使在一起学习了一个学期，中国学生仍有内群体、外群体的观念，把中国人看作自己人，更愿意和中国人凑在一起。对什么场合如何着装的问题，法国学生和中国学生的理解不同。法国学生把晚宴当作一个正式场合，穿着打扮异于平常，而且要突显“变异”性，增加创意性搞笑，展现自己另外一个形象，而中国学生仍然用“学生”身份自居，不太有转换形象的意识。法国人和中国人的幽默感也不同。在这种场合，法国人可以尽情“嘲弄”权威人物，双方都乐在其中，而中国学生鲜有这样的行为，即使偶有所为，也是小心翼翼的，担心越界。中国学生不太会关注秘书这样的小人物，而法国学生却会关注，不管其头衔多小，但这个人跟他们有很多互动，帮助他们更好地适应中国生活，他们就会致以真诚的感谢，并且把感谢表达出来。

教室里的空调
——给美国学生上课

有一年的暑假，我给来自美国的研究生上课。在上课的过程中，我注意到，有些细节只会在美国学生的教室里发生，而在中国学生的课堂上，这些事情不会发生。比如说披上去、取下来的披肩。

那个夏天，我带了一条披肩进教室，因为室外高达 38 度，而室内开着空调，至少有 10 多度的温差。但上课时我一会儿要把披肩披上，一会儿要把披肩取下来，一节课来来回回要折腾好多趟，尤其是刚上课那会儿。这是怎么回事呢？原来，很多同学进教室后都会去调一下立式空调，而空调的出风口正对着我，有人把温度调高、出风口对着天花板了，我就可以把披肩取下来，反之就得披上披肩。刚走进教室的同学觉得好热，就会去把温度调低、把出风口对着地面吹，而已坐在教室里有一会儿的同学会觉得冷，过几分钟又会站起来把温度调高，或者把出风口对着天花板。每节课都会有人去调空调，大家乐此不疲。没有人抱怨，也没有人说什么，反正大家根据自己的舒适度来调整。每个人都通过空调来表达自己的意愿。

有一天走进教室后，我发现有一张桌子被从墙边推向了过道，但我并没有过多关注。课间，我注意到有一个同学经过时建议挪动桌子的同学把桌子挪回去，但那个同学摇头不同意，其他人只能侧着身子走来走去。后来我路过时问了一声，那个同学说："空调出风口吹向天花板时，风刚好从天花板打到墙上，靠墙边很冷。"于是，那个同学的桌子长驻在那里了。

而在给中国学生上课时，通常不会有人动空调。开空调的那个人就成为决定所有人温度的人。即使有人觉得太冷或太热，也会坚持，直到实在受不了了，才会有人提议，提议的人通常会小心翼翼，询问大家的感受，得到其他人的响应后才会去调整空调温度。如果中国学生的教室里发生像每个人进来之后自说自话地调空调的举动，那教室里一定弥漫着非常紧张的氛围，尽管大家表面不说，但人人都会觉得："我刚调好的空调你又给调了，你不给我面子，你自私，既然你不照顾大家的感受，那我干吗还考虑你？"教室会打一场没有硝烟的"空调保卫战"。至于把桌子挪到过道上，中国学生可能不大会这样做。中国学生更有可能通过带一件厚衣服或自己忍着的方式来解决。长期驻扎在过道上，对于中国学生来说可能会承受很大的压力，会有内疚感，会觉得自己影响了别人。

教室里的空调立在那里默默无言，但透过空调，可以看到美国学生更强调每个人对自己的行为、对自己的感受负责，按照自己的感受来行动是一件自然而然的事情。每个人都有这样的权力。当别人这样做的时候，“不要把它看成是针对自己的”。而中国学生会更多地考虑集体的感受，在集体的场合，社会责任分摊，个人的感受不应该被突显和张扬。即使个人有不舒服，也尽可能隐忍或忽略。如果有人表达感受或采取行动，就会被理解为“什么事情都是针对个人的”。

后来还发生一件事情更加印证了我的感受。我有一堂课是做游戏的，大家随机分组后开始玩。我要求所有人不能说话。每个小组都在投入地玩。以前给中国学生玩这个游戏时，教室里不时有嘻嘻哈哈的笑声——不能说话，但没有规定不能笑。美国学生都很安静，但突然有一个组有大的动静，我赶紧过去看，原来有两个人发生了争执，两人的手都抓住一块筹码不放，想抢回来。看到两个人面红耳赤，是真的动了怒，我只能宣布游戏中断，我们开始总结。先问这两个人发生了什么，他们都说自己是按游戏规则在做，对方错了，自己应该是赢家。借着他们的冲突，那堂课我们总结得非常深入，因为越强烈的情绪反应，越有触及深层次的想法。

但课程结束后我仍然有些担心，担心游戏中的冲突会带进他们的生活。后来观察了几天，发现他们的互动和平时一样。课程结束前我私下里问了两个人的感受，他们的说法非常一致：“别担心，我没把那件事当成针对我的。”

美国学生做事很认真，对待游戏也很认真。但一旦出了游戏，又能够区分游戏和现实，对事不对人。如果是中国学生，可能在游戏中不会当真，更少发生冲突，和为贵。否则，即便是在游戏中的冲突，也会延续到游戏之外，而这样的冲突意味着撕破脸皮，会让双方难堪，同样是玩游戏，双方的反应不同。

和美国学生吃火锅

给美国学生上《跨文化沟通》这门课时，我的最后一堂课是在餐厅里上的，用来介绍和体验与吃有关的中国文化。考虑到美国学生很强调自己的个人主张，我特别挑选了火锅店，既有中国特色，又可以让大家自己挑选。我们一大桌人坐下来后，服务员就把自选菜单给了我们。菜单上有中文有英文。服务员站在边上等了几分钟，想让我们先确定锅底。我的想法非常简单，选个鸳鸯锅底，吃辣的、不吃辣的都可以满足。但我很快知道我错了：他们先要我解释什么是鸳鸯锅，然后问锅底里有什么，配料是什么。我不得不叫了服务员来问，服务员也解释不清，就叫主管出面。弄清楚锅底里有牛油之后，有一个学生提出要一个素的锅底，不要味精，不要荤油，不要有任何他不认识的配料。后来上来的这个锅底是白汤，我尝了，是真正的白开水！我都能想象出厨师在后面捶胸顿足的样子了——这样的顾客让他的厨艺太掉价了。

每个人都问服务员要了一份菜单看起来。10 分钟后服务员过来，还没有一个人挑好了，每个人都拿着菜单看得非常仔细，还不时讨论几句，有的人还拿出纸记笔记，那架势真像在研读论文。15 分钟过去了，大家还在埋头看。我有点急了，想索性各种菜都点一些，烫熟了大家一起吃。但学生们不同意，他们一定要看清楚是什么东西才点，而且他们要看完所有的内容再决定自己的选择，另外他们还想看清楚价格。足足四十分钟之后，所有人才点好单。在等待上菜期间，我请大家把蘸料选了。本想各种蘸料都点一些，大家各种口味都可以尝一下。但学生们还是要求问清楚后自选。这可真是难为我了，因为菜单上蘸料只有英文名称，没有标明里面的成分。我只能边查词典边告诉他们。有一个人对花生过敏，有一个人对海鲜过敏，所有可能含有这些成分的蘸料统统要避开。还有的人不吃香菜，还有的人不吃酱油。选蘸料花费的时间比我想象的长得多。

后来菜一盘盘上来，我第一个动作是想把菜往火锅里倒，学生们却在问："这是谁点的菜？"问清楚之后，把那道菜递给点这个菜的人。点菜的人会仔细地端详一下菜品，考虑一下放进哪个锅里，再小心翼翼地一次只放几片肉或几根菜。我真有些哭笑不得，这么斯文，得吃到什么时候！我示范给学生：可以一次性倒半盘或一盘，等水滚开了之后可以吃。所有的人眼巴巴地望着火锅，讨论着什么样才叫"水滚"了。

大家正准备大快朵颐，却听一个女生尖叫起来，"It's alive!

It’s alive!（它是活的！）”我过去一看，头也大了，原来是一只小乌龟，它不仅是一只完整的乌龟，而且脖子还在动，两只小眼睛正在和尖叫的女生交流眼神，那个女生吓得眼泪都出来了。我赶紧叫来服务员，请他把这盘菜端走，他瞪大眼睛说：“活的说明我们店里的食材新鲜啊！有些顾客会觉得自己赚到了，越新鲜越好啊！”我只能向他解释：“美国人一般都不会把这些菜原样端上来，要切开处理成看不见活着的样子才行，更不会直接吃活的。”然后我又对美国学生解释了中国人对食物新鲜程度的理解，也告诉大家这种把活的东西端上桌的状况并不常有，除了醉虾外，我自己就没有见过其他的。安抚好之后大家缓过神来开吃。香味早就把大家的馋虫勾上来了。

吃的过程还是非常愉快的。学生们兴致勃勃地对着菜单看一道道菜。吃得半饱时，他们相互挑战着，看谁敢吃鸭舌、泥鳅、牛百叶、鸭肠、鸡血、猪脑等。学生们一边做着“真恶心”的鬼脸，一边试着吃这些。这些东西很挑战他们的视觉和味觉。他们甚至问餐厅要了更多的点餐单，想要带回美国，一是学中文，二是向朋友炫耀他们敢吃这些东西。

最后买单时，学生们纷纷掏出钱包、拿出零钱，他们是按自己点的菜来算钱的。我不解，因为之前我已告诉过学生我请他们吃饭。难道他们还和我客气？我再次向学生申明我请他们吃饭。学生们点点头，“是啊，谢谢你请（invite）我们吃饭，帮我们挑选餐厅、预定位置。”然后把钱递给我，我更困惑了，“我请客的意思就是我来付钱(pay the bill)，你们为什么还要给我钱？”“是吗？”学生们狐疑地相互看了看，明白我的意思后一阵欢呼。

敢情他们一直以为这顿饭是AA制，怪不得有人做笔记，原来是在记自己点的菜是多少钱。哦，我还明白了他们为什么要确认是谁点的菜，并且把上来的菜递给点菜那个人。同样是AA制，中国人可能更习惯大家平摊，而他们更习惯于每个人只付自己所点菜的钱。怪不得我把整盘东西倒进火锅时有人惊呼，因为我做了那些菜的主，而不是点菜者来做主。

这顿饭结束不久，有个朋友告诉了我这样一个故事：他在国外读博士时，刚到第一周，老板说请大家出去吃饭，他兴冲冲什么都没有带就出了实验室的门。吃完饭大家都掏出钱包买单，他才后知后觉、恍然大悟：老板只是邀请大家出来吃饭，但饭钱是AA制的。他本以为老板请客就意味着老板埋单，钱包没带出来。后来满脸通红地问别人借了钱付账。这是他在国外学到的第一课：请客并不意味着付钱。

这次经历给我很多的感慨：美国学生对于和自己有关的事情，真的很认真，哪怕只是点餐。他们不觉得花那么长时间看菜单有什么不对，也不觉得问服务员是没有面子的事。他们也明确提出自己不吃什么，因为他们对自己所点的菜负责任，好吃不好吃都得吃，吃出问题也是自己的事。中国学生即使不知道菜单上的是什么东西，可能也不好意思花那么长时间看菜单，可能只是随便点一个，马马虎虎、差不多就可以了，不好意思去问服务员，似乎问这些是丢人的事情，会没有面子。而且如果有人请客，通常是客随主便，主人点什么客人就吃什么，客人们也相信主人一定会替他们考虑。即使有不吃的东西，也不太会直接说出来，上菜后自己不动那盘菜就可以了。中国人当中对特定食物过敏的人也不是很多。

美国人对账单也算得一清二楚。他们并不觉得算清楚账会难为情，只付自己的钱也不会让人尴尬。他们认为的公平是吃了什么付什么账，而中国人的平摊行为对他们来说是新事物。而在中国人眼里，他们的做法可能太小气，很抠门，过于斤斤计较，太生分。中国人吃完饭，总有一个人大手一挥说“我买单”，买者豪气冲天，而其他人也乐得接受。

火锅是中国的火锅，但因吃的人是美国人，所以吃出很多文化差异。这也是一种调味品。有人可能品出了津津有味，有人可能品出了苦涩不堪。你吃出了什么味儿?

超级coordinator

认识 Natascha，是在做一个项目的过程中。由于那个项目比较大，涉及好几个国家的专业人士，所以有一个项目协调员是顺理成章的事。在我们还没有到项目组报到前，已经收到她的欢迎邮件，欢迎我们加入项目组，介绍我们相互认识，并且把项目相关的信息发给我们。她的信息非常细致实用，细致到将我们所住宾馆周边餐厅及咖啡馆的信息都写了出来。她发给我们的日程表，不是普通的 Excel 表格，而是标有不同颜色的 Excel 表格，我细细琢磨了以后发现：她是在用颜色做管理！我不仅可以对自己的日程安排一目了然，我还可以看到谁和我一个组、其他组的安排是怎样的。

后来在项目现场见到了 Natascha，原来是一个金发的俄罗斯美女，只是她的英语纯正到完全听不出她的国籍。我们也常常忘记她的国籍，因为她在工作中表现得很国际化，很少有线索让人联想到她来自哪里。只有在饮食习惯上、她接个别电话要用俄语说话时才会表现出来。她的头发梳得一丝不乱，似乎每一根头发她都安排了特定的位置，看上去非常干练。看邮件时，我以为会见到一个个性张扬的人，但她在现场温和而低调，配合着团队领导，该说话时说话，不该说话时倾听。中国的协调员经常是坐在角落里，听到有人让自己做事时应一声，但 Natascha 完全不把自己当作一个配角，而是尽可能地参与讨论，从后勤、服务、时间安排、主题安排方面都发表自己的观点。我很佩服她的一些观点，因为她前期参与了项目的准备，知道的信息比我们更多，所以能够谈出更加全局性的想法。她的声音并不高，但非常清晰，每个人都听得见她在表达什么。

在项目进行过程中，其实她应该是项目中最辛苦的人，我们只做专业方面的工作，相对来说比较单纯，但 Natascha 要做我们其他人都不做的事情：联系场地，安排会场，一个一个打电话给参加者，在参加者来到现场后让他们登记并领取资料，订我们所有人的午饭，整理所有的资料……在我以往的经验中，这些事情需要 4~6 个人才能完成，我也曾见过更大规模的团队在操作这样的事情，但她一个人带一个小实习生，风轻云淡就把所有的事情都做好了。我觉得这太神奇了！我看不到她操作的每一个环节，但我知道，只要她在现场，所有的事情都很完美：每一份文件都在正确的位置上，每一个人都在自己应该在的位置上。她好像有一种魔力，和她一起工作的人都愿意配合她把事情做好，所以每一件事情的效果都很好。

随着项目的进行，Natascha 成了有名的“问不倒”：大家不论有什么事情都找她，而她似乎没有解决不了的问题。有一天一大早我就接到 Natascha 的短信，说团队领导今天生病了，有可能我们需要在现场独立完成工作。我已经做好了心理准备，但到了现场后，我发现团队领导也在。团队领导是英国人，给我们的印象是颇有“铁娘子”的风格，一向强势。即使生了病，仍然化了精致的妆，一板一眼地布置我们要做的任务，除了眼神外，看不出病态。但就是这个铁娘子哦，后来当着我们的面对 Natascha 说：“我今天早上什么东西都吃不下，因为我晚上吐了好几次。”那神情和语气，很像在撒娇！我们面面相觑，看不懂这是哪一出戏——Natascha 可是比她年轻好多！ Natascha 没有流露出任何惊讶，像个妈妈一样拍拍她，不慌不忙地递给她一杯热水，然后从包里翻出一包药说：“试试看这个药吧！应该很灵的。我自己以前用过的。我今天早上特地去买的。” 团队领导像一个听话的乖乖女，吞了药，喝了水，听凭 Natascha 安排她在躺椅上休息。我真想知道 Natascha 什么时候去买的，因为头一天我们结束时已是晚上 11 点了，Natascha 还要整理所有的资料，一大早还要比我们先到现场。她可能压根没睡几个小时，可为什么看上去那么神采奕奕呢？

我问她秘诀，她笑笑说：“我每天做运动啊！我之所以没有和你们住在一个宾馆里，就是因为这家宾馆没有游泳池，我只能订另外一家价格相同，但距离较远的宾馆。再忙我每天都会游泳半个小时到一个小时。”怪不得她精力充沛、身材超好。她对饮食有着异乎寻常的挑剔，很多东西她不吃，但她从来不会因为她的挑剔给团队带来麻烦，因为我们在吃饭时，如果饭菜不合她的胃口或要求，她可能在一旁喝一杯酸奶、吃一盒蓝莓，最多再加一片她自己做的蛋糕：具有浓郁的俄罗斯风味，很多的糖、坚果和奶油。这种蛋糕超级受欢迎，我们一边很抱歉吃了她的口粮，一边连连称赞好吃。

Natascha 非常喜欢旅游。每年她都会去国外旅游。只要看到她的皮肤又变成小麦色了，我们就知道她刚刚度假回来。她的上司非常喜欢她的一点是：即使是在度假，只要有需要，Natascha 会积极回邮件或参加电话会议。所以尽管管理项目令她很忙，但 Natascha 总是可以请到假。

在我不停地感叹 Natascha 具有做协调员天赋之时，Natascha 已经做出了一个决定：辞职去美国读心理学。刚听到这个决定时，我好吃惊，我想我是不是做错了什么，因为我跟她建议过她很适合学心理学。我看到她有很强的敏锐性和观察力，也有对人的关怀和敏感。但我总觉得辞去这么好的工作很可惜。等她给我讲完长长的理由，我点头，并祝她一切顺利。她很清楚她要什么。看到项目中专家所做的事情，她知道那就是自己未来想做的事情。她觉得当下有些付出是值得的，而且她对未来非常乐观。她对我眨眨眼睛：“我未来的工作会比现在的更好！”

临走之前，她请我们吃饭，把我们介绍给她的继任者 Mary，希望我们今后有可能一起合作。我无意当中听到她和 Mary 在谈一个学习计划：她读书后，将每周抽一个晚上，通过网络跟 Mary 分享她所学到的东西，重点是那些她认为会对 Mary 工作有帮助的内容。这将是一件非常耗时的工作。我非常惊讶地问 Natascha 为什么这样做，她说：“Mary 对心理学很感兴趣，但她目前不可能脱产去读书。我愿意帮助她。”她说得那么轻松，好像这是一件很平常的事情。但我知道按她的性情，这会是一件持续去做的事情。她需要付出很多的时间。

最初接触时，Natascha 只是一个协调员，但她把协调员做得这么专业，我们常常忘记她只是一个协调员，我们也会把她当作一个专家看待，倾听她的意见，尊重她的想法。她最终决定成为一个专业人士。我们认为这个想法也很好，因为以她的用心、爱心和智商，这个世界上没有什么她做不了的事情。

大地方人的不懂

我一直没有明确地意识到我的身上沾染了一些可以称之为“都市习气”的东西，直到回家探亲时家乡的人告诉我这一点。家乡是祖国边陲的一个小镇，可能连三线城市都算不上。但我在这里生活过10多年，好歹也算是当地人了，但这里的人居然火眼金睛，辨认出我不是一直在那里生活的人。因为，我没有他们所拥有的智慧。

那一次，我去采购小家电。选好了、付了钱，营业员说要等一下，她们需要去仓库提货。我就说我先去买些布艺品，回头再来取。营业员说可以，然后我请她在收银条上注明一下我还没有取货，她瞪大了眼睛，很惊讶：“你是从大地方来的吧？我们这里的人从来不会赖账的！”因她说了“大地方”三个字，我一时有些羞愧，觉得自己的做法和这里格格不入，但为了安心，仍然坚持她写。她写了。我后来在布艺店流连了很久，因为在选什么花色上比较犹豫。然后有人拍我的肩，我转身，万分惊讶地看到卖小家电的营业员拎着家电在我身后。“我们下班了，又没有你的电话，怕你取不到东西着急，我就一家一家地找过来，总算找到你了。”我一迭声地道谢又道歉。我不知道她们下班的时间会这么早——在上海商店通常营业到很晚,这里冬天下班会比较早，我也很感动她这样为顾客着想。奇迹的是她居然能够找到我！想想在上海我不会这样跟别人介绍我的行踪，也鲜少会有营业员细心地记住我的话，更少有营业员会亲自来找顾客。如果是由于顾客的原因没有取到货，很有可能需要顾客第二天自己来取。听到我道谢，她冲我一笑：“不用了，大家抬头不见低头见。下次再来。我要赶回家做饭啦！”

回家我早上睡懒觉，起床时爸妈早就吃过了。我正在吃，妈妈领了人进来，招呼着那人坐下吃饭。那人是个年轻人，穿着一身又脏又旧的衣服，一看就是正在干活的样子。妈妈说：“这是在外边干活的人，他到现在还没有吃东西，我叫进来让他吃顿早饭。”那人连连道谢，一口外地口音，一口气吃掉了四个馍馍，看来真是饿坏了。他走后我有些埋怨，怨妈妈把不知根底的人带进家门。妈妈说：“出门在外的，不容易，能帮一把就帮一把。”我开始说起要注意安全什么的，妈妈笑了：“这里跟上海不一样，吃顿饭只不过加双筷子的事情。哪里有那么多坏人？走到哪里，只要赶上饭点了就会留饭的。前两天家里来装闭路电视，不知是施工时造成的问题还是安装工人技术不行，反正是先来的两个人搞不定，又打电话叫来一个人，又弄了很久，刚好赶上吃饭点，家里也没有啥，我就热了馒头，切了一盘午餐肉，炒了一盘青椒土豆丝，打个西红柿鸡蛋汤，抓了两盘酸咸菜淋点香油，几个人也吃得很香。”“那他们走的时候收工钱了吗？”我问。“工钱归工钱，当然要给，他们也收了。”“可是，要是在上海，留别人吃饭是一件很大的事情呢！也是很大的一个情面，起码少收点。”我说。“在这里是很普通的事情。小地方嘛！”妈妈淡淡地说。

有一天出门坐公交车，上了车后，车上坐着的一个乘客拿着一张百元钱递给我，我莫名其妙，弄了半天才明白：她想跟我换零钱，因为她下车要用。我连连摇头。我心里想：有钱也不能换给你啊！我怎么知道你的是不是假钞！我又不认识你！回家后跟父母说起这件事，猜测我遇到了骗子。他们说：“你坐的这辆车大部分乘客都相互认识，这个人在车上行骗的可能性较小，有可能是真的想把钱换开。”“那她为什么不去银行或商店？”我狐疑地问。“小地方呗，大家怎么方便怎么来。”“乘客真的会相互认识吗？”我还是有点怀疑。如果在上海坐公交车遇到一个熟人，那基本是中彩的概率。

结果，第二天，我就遇到了这个概率。我在街上遇到了和我坐一趟长途车回来的乘客！当时我和他聊了一路，他告诉我是来做生意的，目前生意交给他的朋友打理，但似乎遇到了一些困难，他要来找最终的解决方案。我没有想到，我们竟然会在街上碰到！我问起他事情办得怎么样，他掏出一张纸给我看，原来是他和朋友最终达成的一个协议：朋友给他付一笔钱，他从中退出，再也不插手这桩生意了。“这是比糟糕的结果要好的一个结果。”他耸耸肩说。一直到和他离开，我都惊叹我们再次相遇的概率，也感叹他的坦诚，什么事情都愿意和我这个陌生人分享。回家跟父母感叹这件事情，爸妈说：“这里是小地方，做事情说不定就撞见了熟悉的人。”

有一次和爸爸去一家商店买东西，店家热情地招呼，价格上还给了优惠。买完了东西，爸爸试探地问了一句：“你是姓刘吧？”我觉得爸爸有些突兀了，但店家却笑了：“对，我姓刘，您大概认识我爸。我和我爸长得挺像的。”寒暄了一会儿，原来，他的爸爸和我爸爸是以前的同事。原来，世界可以这么小！

我还看到爸妈有很多在我看来不安全的做法：出门不锁门，或者只是象征性地关上门；晚上睡觉也敞着窗，甚至开着门；家里电话号码随意留给别人；和陌生人说话时会说到自己住在哪里，有时还把我牵扯进去，会提及我在哪里工作、住在哪里……我跟他们指出来这些都是不安全因素，不要跟陌生人谈这些，爸妈听我说时会很乖，但事后仍然我行我素。开始我一直不理解，但现在我想明白了：小地方人自有他们生活的智慧。他们相信自己，信任别人，待人热情，生活简单随意，做事情有一些基本原则，如一回生、二回熟、三回是朋友，他们做事情不做绝，总是有回旋余地，因为低头不见抬头见。他们做事情有一定的敬畏心，因为人际关系的网络密密地交织着，口碑非常重要，而且一个小小的善行和恶举会波及很远。

而在大城市，人们有另外一套生存的法则，有另外创造安全感的方式。人们要花很多时间和精力来隐藏自己、不暴露自己不想暴露的信息，同时又让别人知道自己，花很多精力防御熟人和陌生人，和别人分享的公共信息看上去很多，但实际很少。距离感是让每个人有安全感的方式。

对那些把都市里的生存法则用在小地方的人，小地方的人会宽容地一笑：“大地方来的人，他（她）不懂，原谅他（她）吧！”那一方水土培育出来的智慧，哪里是那么容易学到的？

出租车里的菠罗香

在上海免不了要和出租车司机打交道。有时候，坐上一辆车，一天的心情都很好，因为，司机和他（她）的车让人身心愉悦。

这天是提前预订的出租车。司机提前 10 分钟到，打了电话过来。我手忙脚乱地收拾了下楼，已经过去好几分钟，一上车就向司机道歉——对出租车司机来说，时间就是金钱。司机非常善解人意地说："呵呵，早上总是比较忙的。"我说了目的地，还想解释怎么走、车停在哪个路口，司机笑了："上次也是我送的你，我知道地方的。"我大惊，能够记住乘客的司机挺不简单啊！于是就聊了起来。他是一位老司机，我看了看他的行车证号，是 02 打头的。我猜他开出租车的时间有 20 多年了。"30 多年了！我明年就退休了！"他高高兴兴地说，似乎很盼望退休。

“我上次也坐了一辆车，司机是一位退休返聘的老师傅，因为技术好，公司又返聘他。我是第一次遇到那么大年纪的师傅。开车非常稳。”我印象特别深刻的是出小区门时，他先停下来，让另外一辆车先进来；左拐弯时，他没有去抢一个黄灯。他严格执行一看二慢三通过。在早高峰期间，这样的行为是非常少见的。

“你说的不会是我搭档吧？他也是退休返聘的。因为我们两家离你家不远，很有可能你家的电话调度订单我们就接上了。”

“哦，是这样啊！我上次听那位师傅说他腿不好，中间还休息了半年。后来公司给了他一个疗养名额，去外地旅游度假，回来后他不好意思不帮忙，就又返聘了。”

“那肯定就是我搭档。他休息那半年，我一直都是一个人开的。”

“一个人开？那很辛苦的！”我知道交给公司的费用是按车来算的，一个人开要交的费用也不会少太多，但一个人不可能开满 24 个小时。

“我舍不得把车交给不熟悉的人来开。我和我的搭档把车伺候得好好的，很少出毛病。”他自豪地说。

“难得你和你的搭档对车都这么好，大家意见和看法都一致。”

“是啊！所以他退休以后我一直也没找搭档。”

“那你开车这么多年，一共有多少个搭档？”

“两个，一共就两个。前一个搭档共事了很多年，后来是现在这个搭档。”

“这很难得。上海这些年变化很大，如果你或你的搭档搬了家，你们就只能重新找人。”

“是的。我觉得现在的搭档很好。脾气很温和，做什么事情都很仔细。车子永远是干干净净的。”

“能找到这样的搭档很幸运啊！合作很愉快。”

“你有发现吗？这辆车是新车，要比你上次坐的那辆新多了。昨天刚刚从公司领回来的。”司机掩饰不住自己的满意和自豪。

我环顾四周，确实，车子簇新，座位非常干净。

“你们以前的车报废了吗？”我问。我知道出租车报废制度很严格。

“不是，是公司到了一批新车。我和搭档是老同志了，和公司商量了一下，能否让我们开新车，旧车给那些新手开。公司同意了，他们知道我们会对车很好的。”司机很得意。

“新车开起来是不是感觉很好？需要磨合一段时间吧？”

“新车开起来感觉当然要比旧车好多了。确实需要磨合。7000 公里，在 7000 公里内，不能开得太快，否则会伤到车子的。我们现在只开到 70 公里左右的时速，然后定期做保养，这辆车肯定会被我们爱护得非常好。”司机非常兴奋。

“你和搭档都同意？ 7000 公里是不是要开很久？”我想这个数字好大啊！

“嗯，他比我更爱护车。我们每天开 300 多公里，7000 公里也就 20 多天吧！”

“我记得你的搭档退休后每天还要接送孙女，你退休后是不是也要做这些事情？”

“我孙女已经 8 岁了，不用我接送了。”

“那你愿意再返聘开车吗？”

“噢，那我不愿意。开了一辈子车，我想歇歇了。”

这位师傅是老司机了，但他的心很年轻。一大早坐他的车，一整天都会心情愉悦。他和搭档多年的良好关系，固然有搭档的功劳，但和他容易与人相处、合作性高也有关。他提出换新车的要求，公司能够答应，和他平时的工作表现以及良好沟通分不开。他能够拥有这样舒心的工作环境，其实是他自己创造的。尽管他明年就要退休，但他真心地爱护自己开的车，并不因为自己要退休而破坏性地使用车。工作时专心工作，退休后专心休闲。他很清楚自己要什么，所以能够有一份淡定。

能把一辆出租车开得这样开心，是因为这位老师傅非常认同自己做的事情。我相信他不论做什么事情，都会做得很好，因为他的那种积极态度和基本能力适用于任何一件事情上。

还有一次，一坐进出租车，我就闻到车里有一股甜香味。我使劲吸了一大口，问司机喷了什么清新剂，这么好闻？司机有些得意：“这可不是化学的东西，这是天然的香味。喏，就是我身边的这只菠萝。”仔细一看，在其他司机放水杯的位置上，有一只菠萝，正散发着浓郁的香味。“哦，你是买了水果准备带回家吃的。”“不，这不是拿来吃的，就是专门放在这里散发香味的。我喜欢菠萝的香味。”我很惊讶：“你不吃吗？”“哦，这不是用来吃的。你看，这只菠萝已经放了三天了，熟透了，我准备今天再去买一只。要是每次都吃，我老婆肯定会有意见的。连着吃几年，谁受得了啊！”“你这样做已经很多年了？！”我更惊讶了。“是啊！当年换新车时，新车里有一股橡胶味，我觉得很不好闻，有人告诉我用菠萝可以去除异味儿，我就去买。买来以后真的很管用，我自己也喜欢上了菠萝味儿，就这样一直做下来了。”我知道出租车是四年的使用期，“你这样已有三四年了？”“嗯，快四年了。”“那这也是一笔不小的开支啊！尤其是菠萝不当季时，会比较贵呢！”“还好，可以承受得起。我觉得只要自己喜欢，心情愉快，乘客也很喜欢，这笔钱就是值得的。常常会有乘客夸我的车整洁好闻，我自己很开心。”“那你的搭档怎么看呢？”通常两个人合开一辆出租车，“他嘛，不干涉我，只要菠萝在车上，他不会去动的。偶尔他也会换一只两只的。”

听了他的故事，菠萝的香味越发浓烈。闻了一路的香味，下了车，那菠萝的香味仍然在我心里。透过那只菠萝，我看到出租汽车司机对生活的热爱，看到他享受当下每一刻。我想他肯定也算过买一只菠萝要多做几单生意、要多跑多少公里，但他把心情愉悦放在首位。赚钱对他来说很重要，但他更清楚什么对他更重要。在这浮躁的社会中，能这样安然地按自己的方式来工作和生活，需要有一颗平和的心。

如果有一天你碰巧坐了那位老师傅的车，或者那辆飘着菠萝香味的车，请你也向他们表达你的敬意和欣赏，让他们散发的对工作和生活的热爱，可以一直穿行在上海这座过于物质的城市中。

把出租车开出宝马的感觉

通常坐上出租车后，我会看一下司机的营运工号。如果工号是以“0”、“1”或“2”打头，我只要报出目的地，然后安心地做自己的事情——这些都是“老法师”了，有一二十年的开出租车经验，上海变化再快，他们也知道最快和最近的路。这一天，我坐上了一个“0”字打头的出租车，建议司机走小路会更快，但司机却小心翼翼地反问：“你知道小路怎么走吗？”我好惊讶：开了20年出租车，不知道小路怎么走？司机解释说：“我已有10年不开出租车了，对路不太熟悉了。之前，我开过6年出租车。但现在重新回来时，只能用我以前的身份证，所以我只能用我以前的营运号。”

在接下来的时间里，我知道了他的故事：16年前他开出租车，那时，开出租车收入不错，他对生活很满足。后来生意就没有那么好了。经朋友介绍，他到一家外资公司里应聘做小车司机，为财务总监开车，是美国总公司派驻到上海的老外。面试时，他不懂英语，总监不懂中文。和他一同应聘的还有另外一位司机，他们两个人等在那里时，总监和别人说了句什么，周围人笑了，那位司机也笑了——看来懂英文，只有他听不懂，茫然地看着大家，后来总监让他俩分别试开了半天，决定留下他，那位懂英文的司机没留下。他觉得自己开车的风格比较适合总监——他一拿到车钥匙，马上就把车擦得干干净净，把车里收拾得井井有条，开起车来也非常稳。

公司提供了一辆宝马让他开。他开车第一天，总监坐在副驾驶的位置上，把保险带系上，神情专注地看着外面。第二天，仍然是这样。两天以后，总监坐到了后排，带了文件，在车上开始办公。“总监知道，我开车，他放心。我根本不要他说什么。他完全可以把他的安全交给我。”他开始学一些最基本的英文，如 go home, wait here，总监开始讲一些最基本的中文，如 8 点、吃饭等。两个人开始了长达 10 年的默契共事。他的车永远是干干净净，车子也保养得非常好。在道上永远不抢道、不随意变道，因为有一次他变道后总监做了一个摇头的动作。有一次总监通过助理提醒过他不要跟在集装箱卡车后面开，此后他就再没有这样做过，“因为我知道他把安全放在第一位，送他去浦东机场时我再也不会开飞车去赶飞机。那次跟在集装箱卡车后面是很危险的，我们的前后左右都是大的集装箱卡车，车速又都那么快，我自己也觉着危险。”“开了 10 年车，那你有出过什么事情吗？”我问。

“有过一次，有一辆自行车突然从旁边窜出来，还好我刹车及时，所以只是车擦碰了一下，人没有碰伤。我平时非常注意，为了保证开车的安全，我不熬夜，不搓麻将，休息好，保证精力充沛。那一次要不是我反应快，肯定会出大事故，出人命也说不定。”

“那你现在为什么不为总监开车了呢？”我继续问。“他升迁了呀！回美国总部，我总不能跟了去吧？然后我继续为新来的总监开车。也是一个外国人。开了一个星期，公司人力资源部的人告诉我，说新总监觉得我不懂英文，沟通起来困难太多，要换人。我只能离开公司了。喏，上个月离开的。”“那你在10年间为什么不学英文呢？”“没有什么必要学英文啊！我和前总监沟通得很好啊！包括总监让我去采购一些东西，并在规定的时间里送到指定的地方，这么复杂的事情我们也能比划得清楚，我从来没有出过错。”“这倒是很厉害呢！”我感叹道。“我和他之间真的不用多说什么，彼此都很清楚对方要做什么。”“那你有跟公司说，作为10年的老员工，不能随便开掉你吗？”“我觉得原先的总监看重我的开车技术和责任心，所以会耐下性子和我沟通，而现在的总监看重沟通，我英语不行，那就离开。再说了，让新总监尽早和新司机磨合，也方便他在上海的工作。”“那你开了10年宝马再回来开出租车，感觉会不一样吗？”我问。“当然不一样。宝马那开起来感觉多好啊！可以瞬间提速。别的不说，座位也比这辆车舒服多了。”司机显然有很多感触。“会觉得很失落吗？”“这倒没有。我现在还要把儿子供出来，再过几年等他上完大学我就可以不用这么辛苦了。”我注意到司机副驾驶的座位放了一块毛巾，雪白的，我问他是干什么的。“这是擦车子的抹布啊！以前我开的车就弄得很干净，习惯了，这辆车我也弄得干干净净。虽然单位里三天给车子消一次毒，我自己还是会再把座位什么的再擦一遍。自己感觉好，乘客也会感觉好。”

一直到下车，这位司机开得非常平稳，没有急刹车，没有突然变道，没有随意按喇叭，没有出租车司机身上常见的急躁，我确实可以坐在车里看书。我闭目养神时就开轻音乐，我接电话时就把音乐关掉。能把一辆出租车开出宝马的感觉，这位司机让我肃然起敬。虽然他在10年的安逸生活中滋生了惰性，没有利用机会学习英语——当然，也许总监的态度让他认为学会英语并不是一件好事，因为那位会英语的司机没有被录用，但当工作发生巨大的变化后，他在很短的时间里调整了自己的心态，没有怨天尤人，没有痛恨公司，没有咒骂生活的不公平，替公司着想，平静地接受了生活当中的变化，踏踏实实，很快开始了新生活。

在这位出租车司机看来，重要的不是开的什么车，而是用什么态度和什么方式去开。每个人的生活何尝不是如此呢？关键不是你处在生活的哪一层，而在于你以什么态度、何种方式在生活。

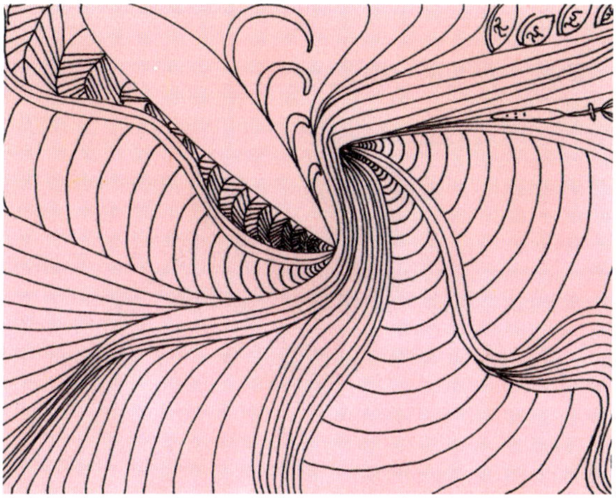

穿行在上海出租车中的八卦

在上海免不了要和出租汽车司机打交道。有时候，坐上一辆车，一天的心情都很好，因为，司机和他（她）的车让人身心愉悦。

这天是提前预订的出租车。司机提前10分钟到，打了电话上来。我手忙脚乱地收拾了下，直到下楼，已经过去好几分钟，一上车就向司机道歉——对出租车来说，时间就是金钱。司机非常善解人意地说："呵呵，早上总是比较忙的。"我说了目的地，还想解释怎么走、车停在哪个路口，司机笑了："上次也是我送的你，我知道地方的。"我大惊，能够记住乘客的司机都挺不简单啊！聊了起来。他是一位老司机，我看了看他的证号，是02打头的。我猜他开出租车的时间有20多年了。"30多年了！我明年就退休了！"他高高兴兴地说，似乎很盼望退休。

“我上次也坐了一部车，司机是一位退休的老师傅，因为技术好，公司又返聘他。我是第一次遇到那么大年纪的师傅。开车非常稳。我印象特别深刻的是出小区门时，他先停下来，让另外一辆车先进来；左拐弯时，他没有去抢一个黄灯。他严格执行一看二慢三通过。在早高峰期间，这样的行为是非常少见的。”

“你说的不会是我搭档吧？他也是退休返聘的。因为我们两家离你家不远，很有可能你家的电话调度订单一下，就被我们接上了。”

“哦，是这样啊！我上次听那位师傅说他腿不好，中间还休息了半年。后来公司给了他一个疗养名额，去外地旅游度假，回来后他不好意思不帮忙，就又返聘了。”

“那肯定就是我搭档。他休息那半年，我一直都是一个人开的。”

“一个人开？那很辛苦的！”我知道交给公司的费用是按车来算的，所以一个人开要交的费用不会少太多，但一个人不可能连续开 24 个小时。

“我舍不得把车交给不熟悉的人来开。我和搭档把车伺候得好好的，很少出毛病。”他自豪地说。

“难得你和搭档对车都这么好，大家意见和看法都一致。”

“是啊！所以他退休以后我一直也没找搭档。”

“那你开车这么多年，一共有多少搭档？”

“两个。一共就两个。前一个做搭档很多年。后来是现在这个搭档。”

“这很难得。上海这些年变化很大，如果你或你的搭档搬了家，你们就只能重新找人。”

“是的。我觉得现在的搭档很好。脾气很温和，做什么事情都很仔细。车子永远是干干净净的。”

“能找到这样的搭档很幸运啊！合作很愉快。”

“你有发现吗？这辆车是新车，要比你上次坐的那辆新多了。昨天刚刚从公司领回来的。”司机掩饰不住自己的骄傲和自豪。

我环顾四周，确实，车子簇新，座位非常干净。

“你们以前的车报废了吗？”我问。我知道出租车报废制度很严格。

“不是。是公司到了一批新车。我和搭档是老同志了，和公司商量了一下，能否让我们开新车，旧车给那些新手开。公司同意了，他们知道我们对车很好的。”司机很得意。

“新车开起来是不是感觉很好？需要磨合一段时间吧？”

“新车开起来感觉当然要比旧车好多了。确实需要磨合。7 000 公里，或者在 7 000 公里内，不能开得太快，否则会伤到车子的。我们现在只开到 70 公里左右的时速，然后定期做保养，这辆车肯定会被我们调教得非常好。”司机非常兴奋。

“你和搭档都同意？ 7 000 公里是不是要开很久？”我想这个数字好大啊！

“嗯，他比我更爱护车。我们每天开 300 多公里，7 000 公里也就 20 多天吧！”

“我记得你的搭档退休后每天还要接送孙女，你退休后是不是也要做这些事情？”

“我孙女已经 8 岁了，不用我接送了。我可以很轻松。”

“那你愿意再返聘开车吗？”

“噢，那我不愿意。开了一辈子车，我想歇歇了。”

这位师傅是老法师了，但他的心很年轻。一大早坐他的车，一整天都会心情愉悦。他和搭档多年的良好关系，固然有搭档的功劳，但和他容易与人相处、合作性高有关。他提出换新车的要求，公司能够答应，和他平时的工作表现以及良好沟通分不开。他能够拥有这样舒心的工作环境，其实是他自己创造的。尽管他明年就要退休，但他真心地爱护自己开的车，并不因为自己要退休而破坏性地使用车。工作时专心工作，退休后专心休闲。他很清楚自己要什么，所以能够有一份淡定。

能把一辆出租车开得这样开心，是因为这位老法师非常认同自己所做的事情。我相信他不论做什么事情，都会做得很好，因为他的那种积极态度和基本能力适用于任何一件事情上。

还有一次，一坐进出租车，我就闻到车里有一种甜香味。我使劲吸了一大口，问司机喷了什么清新剂，这么好闻？司机有些得意：“这可不是化学的东西，这是天然的香味。喏，就是我身边的这只菠萝。”仔细一看，在其他司机放水杯的位置上，有一只菠萝，正散发着浓郁的香味。“哦，你是买了水果准备带回家吃的。”“不，这不是吃的，就是专门放这里散发香味的。我喜欢菠萝的香味。”我很惊讶：“你不吃吗？”“哦，这不是用来吃的。你看，这只菠萝已放了三天了，熟透了，我准备今天再去买一只。要是每次都吃，我老婆肯定会有意见的。连着吃几年，谁受得了啊！”“你这样做已经很多年了？！”我更惊讶了。“是啊！当年换新车时，新车里有一种橡胶味，我觉得很不好闻，有人告诉我用菠萝可以去除异味儿，我就去买。买来以后真的很管用，我自己也喜欢上了菠萝味儿，就这样一直做下来了。”我知道出租车是四年的使用期，“你这样已有三四年了？”“嗯，快四年了。”“那这也是一笔不小的开支啊！尤其是菠萝不当季时，会比较贵呢！”“还好，可以承受得起。我觉得只要自己喜欢，心情愉快，乘客也很喜欢，这笔钱是值得的。常会有乘客夸我的车整洁好闻，我自己很开心。”“那你的搭档怎么看呢？”通常两个人合开一辆出租车，“他从不干涉我，只要菠萝在车上，他不会去动的。偶尔他也会换一只两只的。”

听了他的故事，菠萝的香味越发浓烈。闻了一路的香味。下了车，那菠萝的香味仍然在我心里。透过那只菠萝，我看到出租车司机对生活的热爱，看到他享受每一刻当下。我想他肯定也算过买一只菠萝要多做几单生意、要多跑多少公里，但他把心情愉悦放在首位。赚钱对他来说很重要，但他更清楚什么对他更重要。在这浮躁的社会中，能这样安然地按自己的方式来工作和生活，需要有一颗平和的心。

如果有一天你碰巧坐了那位老法师的车，或者那辆飘着菠萝香味的车，请你也向他们表达你的敬意和欣赏，让他们散发的对工作和生活的热爱，可以一直穿行在上海这座过于物质的城市中。

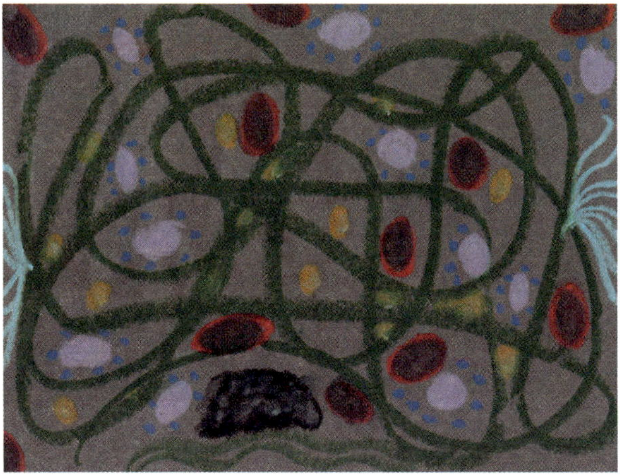

寂静

有一次去一个陌生的城市参加一个会议，主办方给我们安排好住宿。我和另外一位从未谋面的会议代表章老师同住。很喜欢章老师那种淡然的气质，也很欣赏她对教学的热爱，我们谈得很愉快。

这种愉快一直持续着，直到一些诡异的事情发生：在房间里小憩后，我叫她一起去会场。一声，她不动；两声，她没有动。于是我可着嗓子叫。她一直都没有动。我有点怕，冲到她跟前摇晃她。她睁开眼，看到是我，嫣然一笑，像是什么都没有发生。我松了一口气。一同走到走廊上，我走在她前面一步，边走边跟她说话，但我没有听到她的任何回音。我觉得有些奇怪，回头去看，她面无表情，眼睛直盯着前方，像是有些灵魂出窍，和我完全不在同一个时空中。和那个与我热烈交谈的人判若两人！我一时有些被吓住。但出了宾馆，她和我并行，主动地和我说起话来。我被弄得不知所措。

晚上回到房间，同样诡异的事情又发生：我让她先去洗澡，她背对着我理东西，就是不理我！我有些抓狂。这时她手机响了，我听到她轻言细语地打电话。我就先去洗了。一直到躺在床上，我都在琢磨：章老师为什么对我忽冷忽热？难道她有心理问题？难道她有双重人格？想想都不像。

第二天吃早饭。我和章老师面对面地坐在一张桌上吃饭。我犹豫了一下，终于期期艾艾地开口："你是否……听力有点不太好？""是的。我耳聋。"她平静地对我说。"耳聋？！"我大吃一惊，耳聋和听力不好应该是不同的级别吧？！"是一只耳朵吗？"我问。"两只。""怎么可能？"我不相信。"是的，是神经性耳聋。"她依然很平静。"那你现在能听到我说的话吗？""我哪里能听到你说的话？你说话太轻声了！"她笑起来。"那你怎么能跟我对话呢？"我惊讶得停下了筷子。"我看你的嘴形啊！"她解释说。看唇形居然可以看到别人丝毫没有意识到她听力有问题的份上！

"是10年前体检时医生发现我的听力出了问题。医生说我再发展下去就会神经性耳聋，一旦耳聋，将是不可逆的。给我开了药，警告我不能受累，要多休息，营养要跟得上。当时我察觉出了严重性，因为生活一下子变得安静许多。我就认真地考虑按医生所说的话来做。但是那一年，学院新申请了一个专业。领导压了很重的担子在我身上。我无法推辞，因为这一块只有我最熟悉。工作总是最重要的。我累了整整一年。医生再次警告我。第二年我想休息一下。结果，家里又出事了：妈妈生病住院。我天天上完课就去陪护，最后还是没有能留住妈妈，爸爸撑不住了。我把他接到家里来住。天天像带孩子一样，要带他出去散步，要陪他说话，要陪他玩，要劝他吃他的那些营养餐。为了爸爸，我自己现在基本也吃素了。姐姐和弟弟也会来帮我，也说接他过去住，但爸爸不肯，我也考虑他们都很忙，所以基本一直是我照顾。这样又是好几年过去。前两年我终于退休了，想着可以好好休息一下。结果遇到了学校专业评估。我又被返聘，接着上课。到后来，耳朵彻底没有听力了。”

“那你怎么上课啊？学生回答问题你怎么听得见呢？”

“上课时我注意力高度集中。我的眼睛会看见、听见每一件事情。我仍然会有提问，学生回答问题时，我离他们很近，看得见他们的唇型。只要看得见，我就‘听’得懂。”哦，是这样，只要我不在她的视线范围里，她就完全听不到我在讲什么。那些诡异的事情终于有了解释。

“那你周围的同事没有发现你耳聋这件事情吗？”

“我从来没有刻意隐瞒，但他们确实没有发现。因为我从来没有因耳聋影响过自己的工作。”她笑了。

“那我听到你昨晚还和你家人通电话来着。你听得见他们讲什么吗？”

“我听不见。但我知道是他们打来的，所以我只要告诉他们我过得怎样就可以了。他们会用短信告诉我重要的事情。”

“那其他人打你电话怎么办？”

“我告诉他们我不方便接电话，让他们发短信给我。我确实不方便接电话啊！”她笑起来。

“你怎么从来没有提高嗓音跟别人说话？”我想到她从来都是轻言细语地说话。

“我不习惯。”

我的惊讶感一直延续着。她丝毫没有提如何学习看懂别人的唇形，但我猜想，那将是一个练心练志的过程。下午我们进行圆桌会议。章老师坐在我对面，我有机会观察她。果真，别的老师发言时，她会专注地看着别人的嘴唇。对什么时候该她发言，她把握得非常好。她发言时，甚至还引用了别人的观点。真的，真的看不出她是一个聋子！她彻底颠覆了我对聋子的印象！

我想到在早餐结束时我曾经问她的问题：“这么拼命，导致现在耳朵什么都听不到。你后悔过吗？”

“不后悔。我就是这样的人。看到工作，总想做到最好。看到家里的事，我也想承担起来。如果把这些都放掉，即使我的耳朵好好的，我也会过得不舒坦。不如现在，该做的我都做了，我的世界很宁静，我的心也很宁静。”原来，寂静也可以成为一种生命的恩赐，耳聋也并不可怕，只要有一颗安然的心。

以前我总是很怕一些事情，怕自己万一眼睛看不见了会怎样，怕自己万一身体哪里受伤了会怎样，但从章老师的身上，我看到了原来所有的可怕都有另外一面，只要跟着自己的心走。那些生活当中可怕的事情，可能会让一个人走上另外一条道路，但并非失明就会隔断一个人对世界的注视，失聪就会阻断一个人与世界的沟通，失去嗓音就不能歌唱，失去手臂就不能弹琴，失去腿脚就不能舞蹈。只要走进生命的更深处，任何一种经历都有可能是生命的馈赠。

向生命的伟大和坚毅致以崇高敬意！

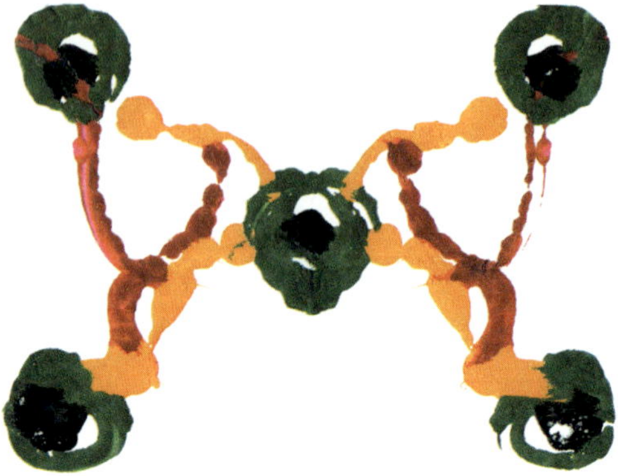

叶永烈：寻找真相的人

得知叶永烈先生要来我们学校做讲座，我兴奋无比地奔过去。特意提前去，生怕抢不到座位。我是看着他的《小灵通漫游未来记》长大的啊！

没有我想象中的人头攒动。进门时，看到后排座位上坐了一位男士，我和他对视之后，迤迤然坐到前面去，好离讲演者更近一些。坐定之后电光火石间我产生一个念头：那位男士会不会就是叶先生？果然，主持人介绍的就是他，一位普通到如同路人甲乙的人：身穿灰色休闲西服，里面是红色的 T 恤，下面是黑色西裤。两鬓已有白发，严肃中带着温和。

叶先生的开头很平淡，没有任何夸耀。他只是讲事实性的信息：他做了哪些事情，走访了多少人，收集了多少档案，写了多少笔记，访谈录音有多长，出版了几百万字的传记。他压根都没有提《小灵通漫游未来记》！他描述出来的这个“叶永烈”，压根不是我认识的那个科普作家。他描述出来的是一个史学家般的作家。后来听众问到时他才提及自己从1983年华丽转身，开始转向传记和报告文学。但并未多言，甚至神情也没有任何变化，如果不是后来我又在网上看到关于他转型前的压力，不会想到这是一个痛苦的、重大的决定。对一个把写作当作生命的人，甚至在“文革”期间都不愿停笔的人来说，这样的转型怎么会不痛苦呢？

写什么？这是很多作家苦思冥想的问题。叶先生不缺乏写的东西，因为他胸中自有历史。他把1921年中国共产党建党以来的历史分为13个阶段，一个阶段一个阶段地写。这是一个宏大的计划，够他写一辈子。即使他再有十辈子，也够他写了。他似乎有一种规划能力，一旦确定了转型，就马上目标明确、计划明确地开始做。

演讲中给我印象最为深刻的是叶先生建的私家档案馆，是游泳池改建成的。这是一个很好的寓意：徜徉在档案的海洋里。这里称为档案的海洋一点儿都不为过，这里有很多文字档案，一个又一个信封袋，还有声音文件，有三千多盘录音带。他的资料都是用“百万字”做单位的。这种对原始资料的重视，不仅仅是做事认真负责的态度，而且和人格特征有关。如果不是人格特征中有这种契合，可能也没有那么强大的推动力，让一个人能够排除万难，获取原始资料。

叶先生对收集资料有一种执着，有一种敏锐，有一份耐心。

他说自己收集史料时，曾去找“安亭事件”的亲历者。他找到了一些人，也和这些人谈话了。但他觉得不太确信，他问得很细，问道：“你和哪些人一起去的？你怎么去的？”有些人说自己当时乘坐公共汽车从市区赶到了安亭，没有同行者，一个去的。尽管这些人说得像真的一样，但以他对当时历史的了解，那时没有这么方便的公交车。这些人是否真的去了并不重要，重要的是他听到的应该是真实的、亲眼看见的历史，而不是被想象出来的历史。如何查证？他去找档案资料。在资料的汪洋大海中，他找到了一份当时工人们领取面包的签名单。他马上敏感地意识到：这份名单可以帮助还原历史。在名单上的人，一定是当时的亲历者。他根据这个名单，辗转无数，找到了其中的一些人，了解了事实的真相。有些人听到他来了解“安亭事件”，第一反应是戒备地问：“你怎么找到我的？”因为这些人的生活或身份发生了很大的变化，不仅与那件事情有遥远的时空距离，而且他们已把这些历史深埋在内心，世人已遗忘了这件事情，他们自己也淡忘了，但叶先生把他们沉睡的记忆唤醒了。

叶先生执着的是寻找真相，而有时即使是亲历者，也并不一定“看到”真相。个人的情感和情绪会让人们不自觉地离开真相。在写傅雷传记时，他找到的重要亲历者是傅雷家的保姆周菊娣。保姆当时亲历了傅雷夫妇自杀事件。她告诉远在异乡的傅雷之子：你们的父母是服毒身亡的。世人也接受了这个说法。在叶先生的报告文学里，他采访了保姆、傅雷的后代，也采用了这个说法。但就在报告文学即将发表之前，他得知当时有验尸报告，尽管这在混乱的“文革”中几乎是不可能发生的事情，但当他第一时间赶到上海市公安局后，确实调出了当年的档案。他大吃一惊地发现，报告上写着自缢身亡！他走访了当年的验尸者和勘验民警，再次证实了这一点。再次走访保姆，保姆承认自己由于太害怕了，其实没敢看第一现场，服毒自杀的结论也是从后来的尸斑上猜测的，而家里当时唯一有的“毒药”就是养花时买的杀虫剂，于是就合理联想成了“服用杀虫剂自杀。”她自己也坚定地相信这个说法。

寻找真相最难的不是找不到亲历者，不是亲历者不愿意开口，而是写作者要有一颗敏锐而公正的心，对自己得到的信息要有一个判断。叶先生采访一位战争的亲历者时，他讲了很多，听上去像是很真实的历史事件。但叶先生回来一算，他的年龄和这些历史事件不吻合。于是知道这不是真实的历史，他讲述的部分弃用了。后来在电视上看到这个人，他越发能讲，讲的细节越发清晰。接受的采访越多，他构建出来的经历越多。记者们相信，听众们相信。但叶先生不相信。

我问叶先生：“您采访的一些主题其实是和创伤有关，既是民族的创伤，也是个人的创伤，您采访当年的亲历者，必然需要他们重新回忆当年的事件。您如何看待这种对创伤的揭示？”叶先生回答了这个问题，但我当时没有听懂，感觉他说他最为关注的是寻找到真相。为了寻找真相，他可以踏破铁鞋。后来想了想，我想这是叶先生的态度吧：还原真相，其实是对人最大的尊重。

最为可贵的是叶先生对他的写作对象保持着尊重，不论是正面人物还是反面人物，不论是大人物还是小人物。他提起这些人时，从来没有用过评判性的语言，只是在讲事实，只是在讲他如何去寻找真相的，如何通过一层又一层的关系，去追溯到最初的那个说法，又是如何通过其他各种佐证材料，了解到事实真相的。在历史面前不迷失，在历史人物面前有明确的定位，这使得叶先生尽可能地接近事实。

寻找真相不是一件容易的事情，需要时间、精力、耐性和毅力，还需要一颗坚定的心。人云亦云是一件最容易的事情，追索真相是一件最难的事情。在鼠标一点就能转发一条消息的时代，人们很少去探索真相。那些寻找真相的人就成了勇士，替这个时代发出清醒的声音。感谢叶先生，让我们还能够了解到真相，也让我们知道：执着于真实是一种精神。

那些缺陷是为了成就我

以前我总觉得缺陷就是不好的。但遇到她之后我知道：缺陷也可以成为一份礼物，是为了成就一个人的礼物。

我曾经带过在职 MBA、MPA 学生写硕士毕业论文。这对他们是一件很难很难的任务，因为他们需要在工作、生活中挤时间来做这个宏大的工程。生活中稍有事情冲击，论文可能就进行不下去。有个女生也面临这样的状况：她要结婚。这意味着需要买房，需要装修，需要拍婚纱照，需要预订酒席，需要安排宾客……我猜她可能提出将论文答辩的时间推迟。推迟常常是放弃的一件外衣，一旦推迟，有可能再也没有机会回来做论文了。但她一直没有提出来。她还是按原先的进度来找我谈论文。我不知道她是怎么做到的，可以同时安排好这么多事情。

有一次，她到办公室找我谈论文，因下课后回答学生的问题，我晚了几分钟，她等在办公室门外。我注意到她穿了一双平底鞋。等她进来坐下后，我开了窗透气，我们开始讲论文。说了没几分钟，她抬头说道："老师，窗户开着，有风从背后吹着你，对身体不好，要不我帮你关上？"我有些惊讶，她会关注到这些小事情。

讲完论文，闲聊之中，她才提到："最近因为太忙，所以身体不好。刚才在门外站了几分钟，身上全是虚汗，进来后坐下，马上感觉到风吹在身上，担心自己会感冒，所以提出关窗。"站几分钟就会出虚汗，这是虚弱到什么程度？我有些担心了："你现在是不是事情很多？压力这么大，要不然有些事情暂时不要做了？"

她笑了："我习惯了。没有关系。复杂的事情简单化就可以了。婚纱照我请人到小区里来拍的，就穿自己的衣服，花了两个小时就全部搞定，在我拍个人照的空档儿时，我先生还可以处理他的电话。戒指是我们在离家最近的饰品店里买的，我喜欢式样简单的，半个小时搞定。买房时跟中介公司充分沟通，让他们完全理解我们的意图，只看了两套房就选中了。我们买装修好的二手房，不用自己装修，搬进去就可以住，而且不会有装修污染。婚纱是我一个朋友的，我和她身材一样，就穿她的，就像给我订制的一样。预订酒席让我先生的助理帮忙，她很擅长也很乐意做这些事情。宾客是妈妈和爸爸来邀请的。现在我最大的任务是节省体力，把论文做完，平时连高跟鞋也不穿，走起路来更省力。"

"这么简单处理，不会觉得自己亏了吗？"我见过有人花很多时间和精力来办婚礼，每一个细节都要操心。

“我从小就知道我和别人不一样，所以我从来不和别人比。我这样做我先生也赞同，所以就没有问题。”

“你和别人有什么不一样？”我有点好奇。

“从我上小学开始吧，我就知道别人有的很多东西我都不可能有。别的小朋友放学以后就像脱缰的野马，撒着欢儿玩，但我要赶快回家，第一件事情是上床睡觉，睡两个小时后才起床吃饭和写作业。我从小身体不好，体力特别差，我的睡眠时间比别人多。幼儿园时看不出来，因为那时小孩睡觉时间都长。但上了小学，别人的睡眠时间短了，我还是那么长，我只能抓紧分分秒秒来睡觉。上初中时，别人要择校，我没有择校，我就在家门口的初中上学，因为我需要节省下来路上的时间睡觉。我几乎不参加课外的活动，那些各种辅导班我更是没有时间参加。由于没有更多时间，所以我写作业效率要特别高，而且要正确，否则做错了老师要罚很多遍，那又要花很多时间。”

“我的初中很平淡，成绩在中上，但一直不在最前面。上高中前家里人担心我这样的身体可能会跟不上学习。但我也跟上了，处于中等。考上了一个二本。家里人都松了一口气，我自己也心满意足，觉得我花的时间没有别人多，这是可以接受的结果。”

“那你这种状态大学毕业时应该找一份轻松一点的工作？”我问。

“家里人也这么想。毕业时航空公司来招空姐，我就随意地去试了试，结果竟然成功了。”确实，她在身高、容貌和气质上是完全达标的。

“但是空姐很辛苦啊，你做得下来吗？！”我有些怀疑。

“我自己选择了，当然要做下来。记得第一天上班，我穿的高跟鞋把脚趾磨出了血，痛得我眼泪都掉下来，但师傅狠狠地骂我：‘拉上帘子休息时你想哭就哭，但走出去时你必须笑出来！’我就这样被磨出来了。然后每飞到一个地方，同事们都出去逛街、购物、看风景，只有我一个人倒头就睡，不睡的话，第二天我根本无法工作。飞了好几年，我去过很多地方，但我只说得出来哪里的床最舒服，其他一概不知。”

“真有点浪费了呢！”我有点惋惜。

“没什么浪费的。能做这份工作对我就是一种幸运，所以我没有什么好抱怨的，平时多休息，多调养自己的身体。别人度假去马尔代夫，我就去中医那里调理身体。20 多岁时一位老中医就说我应该吃些人参，但又觉得我太年轻，我当时说：‘没关系，你上人参吧！我和别人不一样。’所以很早我就在靠人参补气了。”

“那你谈恋爱不会遇到问题吗？年轻人总是要一起出去活动的。”我忍不住问。

“呵呵，当年家里人也很担心。我倒不担心。后来我遇到的人年龄比我大，比我沉稳，以前成过家，经历过很多，所以他不追求那些热闹。我们俩在一起时，常常是安安静静地看书、聊天或听听音乐。很默契，没有觉得在节奏上有问题。他甚至连孩子都有了，这样我们就有足够的自由度，想要孩子就要，如果不要孩子也没有关系。有一次，我们去看完他奶奶回来，他笑话我：‘你的精力和我奶奶差不多。我是不是娶了一个奶奶级的老婆回家？’我觉得他总结得挺好的。”她的眼睛笑得弯弯的，一脸的幸福。

“你不介意一结婚就当妈妈吗？”我问她。有些第一次进入婚姻的女孩子会特别介意这些。

“我不介意。爱他就接受他的全部。而且，那个小孩真是人小鬼大，一天到晚做些让我惊讶的事情。”她如数家珍地讲起小家伙怎样“折腾”全家、“折腾”邻居的事情，整个办公室顿时充满了欢声笑语。她是真心地欣赏和接受。

这个学生后来顺利地完成论文，顺利地答辩。答辩后大病一场，因为太辛苦了。但她是准时完成的，没有拖延。换作另外的学生，延迟一学期或一年答辩是正常的。

我一直在思索这个学生的故事。身体不好本来是一个缺陷，但她却把这个缺陷当作一个成就她的机遇。从小到大，她所做的事情都非常聚焦。她很清楚她必须放弃一些东西，所以她毫不犹豫地放弃。对其他人来说很纠结的事情，在她那里没有什么好犹豫的，因为她知道自己的缺陷就是一个标准。她利用这个标准来给自己的学习、工作和婚姻导航，然后她得到了最适合她的定位。而那些没有这些缺陷的人，反而会迷失在众多的选择中，有可能会花很多精力在不重要的、不必要的事情上，人生反而没有她充实。

世界上本来无所谓缺陷，只是当我们不能够找到与这些缺陷匹配的生活方式或思维方式时，它们就是缺陷。当它们和最合适的行为模式结合在一起时，它们就是优势，就会成就人们的梦想。

卑微的梦想

晓洁来到我们成长小组时，她是一个尽量不引人注目的人，总是自动地把自己边缘化。我能够理解她：她刚刚来到上海，来自一个边远的城镇。在她的家乡，她已经算是有文凭的人——中专毕业，但到了上海才发现，在周围想找到一个只读过中专的人并不容易。她之前所有的经历就是在一个厂里打工。在上海，她见到了太多之前没有见过的东西，她不知如何应对，在别人的介绍下，她来到我们的成长小组。在她身上发生很多意想不到的事情。

第一次相互介绍时，大家都说到参加成长小组的各种动机和期望。而她只是想要更快地适应上海。我问她为什么来到上海，她犹豫了一下，小声说："因为我的主管是上海人。"看到大家不解的神情，她犹豫着继续解释："嗯……那时候在厂里做工，经常要加班到深夜，非常辛苦，每天就是上班干活、下班睡觉。我觉得像是坐监牢，但又没有其他出路。我本来是想攒点钱回家开个小店，但一直攒不够，只能一直做。那时我的梦想就是成为主管，当了主管不仅工资高，而且不用倒班、加班，也不用一直待在满是尘土的车间。我们的主管是个上海女孩，是老板的亲戚。她动不动就说：'我们上海比这儿好不知多少倍！'从她所说的话中，我觉得上海像是另外一个世界。有一天，我终于做不下去了，于是辞职，到火车站买了一张车票，来到了上海。我不想再过那样的日子了。"说到这里她的眼睛亮起来，和平时判若两人。她眼中的光和她的那套衣衫是不匹配的。那天她穿着一套绿色的T恤，样式是童装的，穿上很像一只绿色的青蛙，上海的同龄人绝对不会穿。

有一次，小组活动她缺席了。我非常不解，因为她是个从来不缺席的学生。她的每一分钱都是她辛辛苦苦挣来的，因此她比其他人更珍惜每一次活动。休息时我打电话给她，她情绪低落地说："我没找到教室。"我想起来我们这次活动换了教室，"不是提前把新的地点发给每个人了吗？""我找了很久没有找到，就在校园里问了两个人，他们都说不知道这个地方。我就回来了。"她已经是20多岁的成人了呀！我一时不知道该说什么好。没有组员提到新地点难找。她似乎缺乏基本的生活技巧。

还有一次活动时刚好遇到过节，上完课后大家又唱又跳，非常尽兴。正玩得高兴，我一眼瞥见晓洁冲出了教室。我觉得有些不对，马上跟了出去，就见她冲进洗手间，哇哇大吐特吐。我不知道发生了什么。她努力平复自己，向我摆手，意思是她不要紧。后来她告诉我："真的没什么。只是大家唱歌、跳舞的声音太大，我觉得太刺激，有些受不了。"我再三确认，她身体没有任何问题，也没有吃坏肚子，这种呕吐只是对环境的反应。她竟然会敏感到这种程度，马上转换成躯体症状。如果这么敏感，那她一定是神经症的易感群体。我马上联想到：每天走在上海的马路上，那些不绝于耳的汽车喇叭声、嘈杂的人声、四面八方的人流、车流，对她该是怎样的折磨？！她能够适应上海吗？

成长小组是一个给人安全感的港湾和基地。在成长小组的接纳下，晓洁慢慢开始表达自己。有一次她和我聊起来，说有一个给她们上课的老师口头禅是"gei"。"Gay?!"我有些吃惊，会有人把这个词挂在嘴边？我把这个词写出来给她看，问她是不是这个词。她不确定。我问她知道这个词的意思吗？她摇摇头。我向她解释了这个词，让她下次课再听一听。下一次活动时，她把我拉到一边解释说："那个老师一直在说'OK'，不是'Gay'"。我恍然大悟。在她过往的经历中，没有这样的语境，所以她无法把老师的口头禅很自然地解读为"OK"。她的知识面和见识都是非常狭隘的。

到成长小组结束时，我看到晓洁身上有很多变化：她的着装变得时尚起来，她的发型也变得飘逸起来。她变得更自信，也更开放，不像以前那样边缘化。但她仍然是我最担心的那个人：融入上海这样一个大都市，对她来说太难了。她的纯朴、低调、敏感性可能在其他地方是一件好事，但在上海，如何生存？

三年后，我有机会见到了晓洁。我惊讶地发现她像变了一个人。她一直笑呵呵地在讲工作、讲新的见闻。我让她讲讲自己的经历："我在成长小组中做了一个决定：要去读书，但我同时还要养活自己，所以决定读成人大学。我没有上过高中，所以自己去买了成人高考的书来复习。考上了复旦大学，因为是本科学位，所以要读五年。现在一边上班一边读书。目前做的事情和专业有关，做起来还蛮有意思。"谈吐间，她俨然是一个典型的办公室白领了。我记得她曾经分享过：在工厂里没日没夜做苦工时，最羡慕的就是厂里那些坐办公室的人，她一直梦想能够成为那样的人。"你现在实现你当年的梦想了吗？"我问。她爽朗地笑起来："您还记得啊！我已经不仅坐办公室，而且是主管了。"她比自己的梦想走得更远了。

"你是怎么做到的？"我好奇地问。

她说不出具体的内容。但我听到了：是环境给了她改变的动力和平台，是周围人的支持给了她鼓励，是她自己对这个城市的观察和判断让她做出了改变的决定。

"那你现在的梦想是什么？"我问。

"其实还在延续当年的一个梦想。我当年没有跟大家分享的一个梦想是想让父母过上好日子。当年我的梦想是挣了钱之后寄回家给父母用，但现在我的想法变了：应该和父母在一起，起码让父母能经常见到我。我想读完学位后再做决定：是继续在上海，把父母接到上海来生活，还是回家乡，在那里工作。"

"是开一家小店吗？"我问道。

她呵呵地笑起来："你还记得啊？！各种可能性都有。即使开店，我开的店也和以前想的不一样了。上海改变了我很多。"

送晓洁走后，我思绪万千：她的变化，我到底是应该高兴还是高兴中有一些遗憾？我看到这个城市又改变了一个人。她身上有那么多成长，她的梦想已经有了全新的内容，我应该为她高兴。可是，不知为什么，我又不太确定，这种改变是不是让她付出了一些代价，比如放弃她的质朴和纯真？什么样的梦想对她更有意义？我无法预测几年之后她会做出怎样的选择。这个时代变化太快，对晓洁这些城市新人来说，再过数年，她需要回答的是：我的根在哪里？

「我接纳自己是个人」

我带过一个又一个的心理成长团队。每一次都会见证团队成员巨大的变化和个人成长。其中有一些人的成长让我心灵受到震撼，因为，他们成长的起点是“不喜欢自己是个人”。经历过怎样的世事，才会让他们对这个世界失望至此？经历过怎样的伤痛，才会让他们对自己如此不接纳？以这样的状态进入团队，他们会对别人怎样抗拒、不信任？他们在团队中会有怎样的成长？

晓天就是一个这样的学员。我在团队中第一次见到她时，她显得很紧张，整个人是僵硬的、绷紧的。我们那次是做非常轻松的团队游戏，每个人都笑容满面的，可她没有笑过，眉头一直紧皱着。几个小时的活动中，她没有跟身边的人说过一句话，也没有提过一个问题。但我知道她在用她的方式参与着：她一直在听着；轮到她介绍自己时，她虽然很紧张，但还是完成了介绍。

随着团队成员之间越来越信任，越来越开放，我注意到晓天有了一些变化：以前她都是独来独往，从来都是提前到教室，一个人坐在最后一排，但有一天下午，她迟到了，是和另外一名学员一起走进教室，两个人坐在了一起。我笑了，我知道，她已经开始和别人一起去吃午餐了。后来，大家的活动越来越同步，就有学员建议把午餐集体订到教室来吃。饭菜来了，大伙儿都热热闹闹地端饭“抢”菜，我发现晓天有些不知所措地在那里站着。我把一碗饭塞到她手里。等我转了一圈回来，发现她在远离人群的地方端着白米饭一粒一粒地往嘴里挑。我吆喝着把她推进了“抢”菜的人群里，立马有人给她腾地方、拨菜，她感动得连连摆手又摇头，像是很不适应被这么多人关照。我在猜她大概是第一次像这样站着、挤着、这么亲近地和别人一起吃饭。这件事情对她的象征意义在于：第一次，她在团队中可以找到自己的位置，以这样自然的方式。所以，当她后来开始参与发言、主动提问时，我并不惊讶。

后来团队中学员两两搭档组织一个热身活动。我有些担心晓天所在的组，还特地询问过她们的准备情况。我没有想到，最后晓天居然是带领者，虽然有点紧张，但她站在了讲台上，而她的搭档当她的助手，因为游戏是晓天设计的，她花了很多时间准备。由于没有经验，她们的游戏规则不是特别严谨，学员们善意地提出了疑问，有的还给出了解决方案。我担心晓天无法控制场面，正想着是否要上场帮助她一下，只听她说：“今天是我们组织做游戏，请大家按照游戏规则做。”声音不大，但透着小小的坚定。

默契度非常高的团队马上给予回应，所有人都按她们的指令来做。那一刻，我真为她骄傲！从团队当中的非常不自在，到战胜焦虑、站在台前组织活动，并且还能坚持自己的意见，晓天在团队中找到了自信！她开始慢慢拥有对环境的控制感。

随着晓天在团队中越来越放松，她逐渐开始放开自己。我和晓天曾经有过一次春日午后的深谈。春天的阳光照在了她身上，那些爱的阳光也照进了她的心底。她愿意向别人敞开心扉，也敢于敞开她自己。她说："你相信吗？我们在书本上学到的那些心理疾病，从强迫症、抑郁症到精神分裂，我都得过……"原来，初中时她就出现过心理问题。那时课业负担比较重，每天做完作业都疲惫不堪，她只想着洗漱完早点上床睡觉。但往往就是从书桌到床这几步的距离，她往往需要走几十分钟，因为只要有一个问题钻进她脑子里，她就会站在那里一动不动地想，一直想到头痛欲裂，仍然无法让自己停下来。往往上床时她已经处于耗竭状态。她不知道自己发生了什么，为什么会无法控制自己。当然，她现在已经知道强迫症的特点之一就是无法控制。后来她的学业越来越差，与别人的交往当中也充满了受到伤害的感觉，她的情绪越来越低落，而且一直处于低落状态。周围人用异样的眼光看她，她实在受不了，退缩到家里。她不知道，那时她已有严重的抑郁症。父母为了她的前途，便想办法把她送到外地。只是，在那里，她感受到的是另外一场噩梦，在新环境中她依然感觉非常不适应，感受到一次又一次的伤害，每一次伤害都让她看到人的丑陋。她说道："这么多年来，别人一直认为我是个怪胎，我现在才知道，我是正常的，我只是一个病人……"她忍不住哭起来。

我的心受到强烈震撼：原来，当一个人无法理解自己身上发生了什么时，她的双重心理压力会如此之大！当她得知自己的那些行为确实是自己不可控的，只是病人的行为时，她是怎样的如释重负！这么多年，她内心世界的那个舞台上，一直上演着怎样惊心动魄的战斗啊：一会儿是魔鬼出来，一会儿是天使出现，一会儿是阳光灿烂，一会儿电闪雷鸣，一会儿飘上云端，一会儿跌落深渊，而每一种力量都撕扯着她。在那一刻，我对她肃然起敬：有着怎样强大的力量，才能背负着这样的沉重和冲突，一步一步向前挪动！而这些年，她始终没有放弃自己，始终抱有希望！

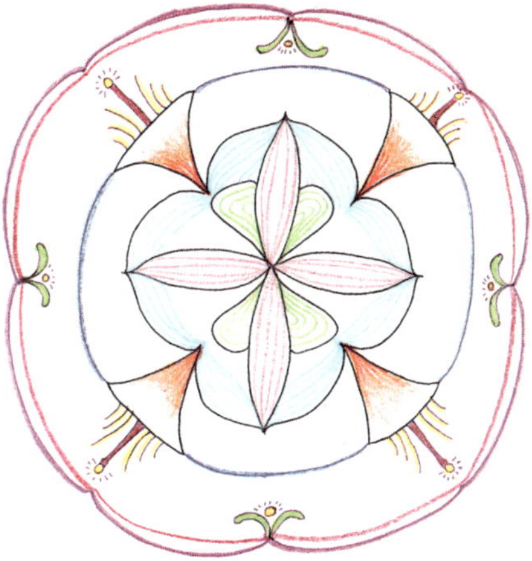

小小哲学家

我是在期末时收到这封邮件的。邮件内容本身并没有什么特别的，和其他读者来信一样，大意说正在读我的一本书。由于对哲学的兴趣，引发了对心理学的关注，希望有机会能当面向我请教图画与潜意识的关系。但这是一名初二学生写来的！对初二的学生来说，这封邮件不短，相当于一篇作文吧，而且周周正正，具体而稳当。我用开玩笑的口吻邀请他和我共进工作午餐。很快就收到回复邮件，客气、周到而礼貌，不太像初二学生的做派。莫非这是一个玩笑？

离约定的时间还有 15 分钟，我收到了短信："我已经到了。等您。"是个非常礼貌且守时的人。等我到楼梯口，看到一个个子不高的小男孩正坐在第一排的位置上，手里抓着一把伞，紧张地注视着每一个上楼的人。我知道这就是给我写邮件的桐桐了。

等坐下来点好餐，桐桐第一个问题就来了："你相信人死以后有灵魂吗？"我说："这是一个没有办法验证的问题，但我宁愿相信。""我也相信。因为我正在看《生死轮回》，书中很多人都描绘得那么细致，我相信那些人经历过。""描绘得细致并不代表它的真实性。世界有各种可能性。"我温和地说。我相信他在今后的人生中会体验到各种可能性。

"我学习哲学已经有三年了。心理学是最近半年开始学的。"桐桐严肃地说。那种口吻真的很不"初中"。"我一本接一本地看。只是有些书我看不懂。"他有些苦恼。

"什么书看不懂？"我也把他当成大人。

"康德的书，还有哈贝·马斯的书。"

我更加好奇，"你是看别人写的关于他们的介绍？还是看他们的原著？"

"看原著啊！"他扬起了一边的眉毛，"我觉得看原著才够味。我对书还是有些挑的。有些书我也只是看其中的一部分。"

我有些肃然起敬。听上去他很有读书的心得。"比如说哪些书你只看一部分？"

"像《苏菲的世界》，我就只看其中讲哲学的部分，细细地看，文学性和情节的部分我就会跳过去，看着没意思。"他一板一眼地说。

天呐！小小年纪，居然有这样的品位！我相信很多人只看他跳过去的部分，至少我小时候就是这样。

"你不觉得枯燥吗？"我问。

“不枯燥啊！很有意思的。我很想知道一些事物的答案，比如关于生命的问题。”

“可是，有时候这样寻找答案的过程会很辛苦。”我现在觉得我是在和一个同龄人谈话，所以我直接说出了我的感受。

“如果找到答案，我就会觉得……”他停下筷子，试图找到一个合适的词，“我会觉得，比较放心。”他点点头，似乎放心了，这个词表达出了他的想法。

我有一些震撼，一个14岁的孩子已经在寻找终极命题的答案了。“你会背着这个使命往前走吗？”我问。

“会的。这是我喜欢的，也是我的选择。”

在谈话中，他一直用很正式的言辞在说话，如称呼爸爸为“父亲”，我有些担心他是不是一个过于老成的书呆子，但在吃东西时他又流露出孩子的本色，吃得非常香甜。问起功课和他的爱好，他说：“学哲学不会影响我的功课，只会让我的成绩更好。哲学嘛！”他觉得我应该理解这个词当中所包含的智慧。当我夸他表达能力强、有勇气和陌生人联系并交流时，他说：“我在学校里常常做主持人，会接触到很多大人的。”哦，原来是一个全面发展的学生。

“你怎么会对心理学感兴趣？”我很想知道。

“哦，这得感谢我外公。他自己是医生，后来接触了心理学，他非常喜欢心理学，在我的书架上放了很多心理学的书，包括您的书，我有空就翻，发现很有意思，就看进去了。”他边伸手在书包里掏出一本书，边向我解释：“我总是随身带一本书，等你时我还翻了翻。”然后翻开，递过来一张照片。是一张合影照。“喏，这是我外公。”他指着中间一个人向我解释。是一个心理学工作坊的合影照，时间是 80 年代。20 多年前的照片。可惜我不认识老前辈。但看得出他很精心地准备了这次见面，连老照片也问外公要过来了。

午餐后，我带他参观了我们校园。这是计划外的，但我愿意花时间去满足他的求知欲。看到实验室，看到心理咨询中心，他的眼睛都闪闪发亮。

后来回去后，他写信来感谢我。他的父母也写了邮件来，说：“桐桐这几天非常兴奋，不停地向我们讲述他在华师大校园里的所见所闻，包括和您的谈话。您对他心理学科兴趣的启蒙和引导必定会让他受益终身！”我回了邮件，告诉他父母：“我知道是你们和整个家庭的开明，开启了桐桐对哲学和心理学的兴趣。在整个社会充斥着快餐作品的时候，在他的同龄人聊着穿越小说、耽美小说主人公的时候，桐桐能够享受哲学的阅读，不是看文字的表面，而是看文字的思想，非常难得。他具有主动精神，知识面非常广，善于读书，对世界充满好奇，喜欢深刻，但同时不失孩子的本色。我们这个社会，任何时候都需要有思想的人。我愿意花时间和精力呵护他的使命感。”如果“桐桐”们走到你跟前，也请你花时间和他对话，让他对世界更多一些了解。如果你身边就有一个“桐桐”，请你珍惜他的求知欲，呵护他的梦想，让他在未来仍然愿意成为一个思想家，仍然能够成为一个思想家。

感谢林俊杰，与 JJ 无关

在我们一次团队活动中，大家说起自己的梦想。大多数人都谈到自己的梦想还没有实现，但晓菊说自己的梦想已经实现了。晓菊平时是一个比较羞怯的女生，有些自卑，可能和她在团队中学历最低、来自较偏远的地方有关。说话时她会带一些家乡口音，会露出和她年龄不相称的幼稚表情以及和年龄不相配的声调，让我感觉站在我面前的是一个八九岁的女孩而不是一个成年人。她在团队中的举止一直让我想到一只小老鼠，从来都是待在角落里，怯生生地看着别人，一有风吹草动，马上钻进自己的洞里。当她说起自己梦想已经实现时，满脸全是幸福的光彩，和平时的形象形成鲜明对比。大家好奇地问她的梦想是什么？“看 JJ 的演唱会！”“JJ？”我一脸茫然，“就是林俊杰！”她给我扫盲。

后来晓菊把听演唱会后的一篇随想发给了我，我才知道，原来，看演唱会对她的意义远远超越了追星：

我记得所有认识我的人都对我说过同样一句话：你这辈子不可能见到林俊杰！因为我生活的那个城市太偏远了，JJ你根本就不可能去开演唱会，而我，似乎也会在那里待一辈子。我就时常对自己说，我一定会见到你的。老天终于帮我圆了梦！在上海见到你，可能是冥冥之中的注定吧！俊杰哥哥本人真的很帅，现场的唱功真的是太棒了！当我看到你穿着华丽厚重的演出服，在舞台上尽情释放的时候，我真的很心疼！我心疼的是看到你满头的汗水直往下流！俊杰哥哥你说过要把最好的留给我们！我真的不知道，一个人在他完成梦想的过程中，要承受多少，要付出多少……可是我记得真的是你陪伴着我度过整整七年，尤其是最痛苦的初三。在这七年当中，每当我难过的时候、坚持不下去的时候，我都会对自己说，俊杰哥哥会一直陪在我身旁，我不是孤单的一个人。俊杰哥哥都可以坚持，我也可以。你是无形的力量，是我站起来向前走的动力。你在演唱会上说，在发《第几个一百天》的专辑前，因为身体出现了状况，人生陷入低潮，曾一度想过放弃。看到我们，你说你舍不得，因为你还要唱歌给我们听，就不能放弃，要坚持！俊杰哥哥谢谢你的不放弃。有人说，娱乐圈是一个大染缸，进去都会被污染。俊杰哥哥我在你的身上看见了纯天然的、好像黎明时新生的阳光，被阳光折射到的生灵都会感到温暖。在演唱会结束、快要离开舞台时你说，谢谢我们来看你的演唱会，有我们陪伴着你很幸福！其实俊杰哥哥这句话应该是我说，谢谢你唱歌给我听。有人说我是追星族，俊杰哥哥你对于我来说不是偶像两个字那么肤浅，你已经是我生命中离不开的人了。俊杰哥哥你一定要幸福。虽然你的幸福不是我给你的，但我真的很感谢能给你幸福的那个人。你的幸福就是我最大的幸福！俊杰哥哥我们的人生还很长，还有很多的路要走。前方是什么我们谁也预料不到，俊杰哥哥我会和你一样抱着不放弃的坚持走下去。最后我们都会幸福，愿天下的人都能幸福！

我看到这段日记写于凌晨2:30，猜想看完演唱会的那一晚，晓菊有可能彻夜未眠。

后来我了解到，晓菊初中毕业时选择了上中专，尽管她的成绩可以上当地的重点高中，因为她不喜欢学习，不喜欢学校的老师。那时她不喜欢很多人，包括爸爸、老师和同学。她觉得离家越远越好，只有林俊杰的歌一直陪伴着她。中专毕业后，她曾在工厂里工作四年。在那些工厂工作说到底都是挣的辛苦钱。老板根本不在意员工的身心健康，只考虑怎样能利润最大化。按照工序，她需要等前面的人做完了才可以做。她每天下午三点上班，到半夜三点下班。下班回去睡觉，睡到中午十二点多，起来洗洗吃完饭，然后再去上班。工厂是在一个院子里，铁门一插，谁都出不去。吃、住都在厂里，只是住的是10多个人一间的宿舍。没有个人空间，没有个人时间。她从一个文静的小女孩，变成了一个扯着嗓子说话、语气很冲、脾气火爆的人，因为在车间里声音小了别人听不见，因为她要自我保护，要在恶劣的工作环境下生存下去。只有林俊杰的歌一直陪伴着她。

四年里晓菊没有休息日，也没有享受过什么福利和加班费，最长的工作时间是连续工作二十四个小时。老板很早就答应让她学一道新工序，但从来没有兑现过。富士康事件后，她离开了第一家工厂——她觉得自己再待下去要么会疯掉，要么会死掉。长期的昼夜颠倒和加班损坏了她的健康。但再换的工厂没有什么本质的区别，她只是从一个“牢房”走向了另外一个“牢房”。意识到这一点之后，她决定逃离。去哪里呢？她做出了人生中最大的一个决定：从离大海最远的城市到了上海。之所以选择上海，因为她知道了JJ要在上海开演唱会的消息。

在晓菊到上海的第19天，她去看了林俊杰的演出。这花了她半个月的工资，然后带着安心和满足，她开始规划自己接下来的人生。她决定不再回那些工厂去工作。她报名参加成人高考。那些曾经让她头疼的课本，现在一本一本摊开在她的床头。她开始用心地和书本沟通。她知道自己需要补课。曾经以为可以跨越的阶段，只不过在生命的另一阶段相遇并需要完成。同时她参加了心理学的学习班，希望将来能帮到别人，尤其是那些仍然在工厂里做事的人。她的整个人生开始走上另外一条道路。

这些变化，都始于林俊杰。但我知道：她眼中的林俊杰，是她自己造出来的，与那个真人林俊杰并不一定是一个人。幸运的是，她把他造成一个积极向上的偶像、朋友和模范，然后以此激励自己。我不知道她的青春岁月中发生过怎样惊心动魄的故事，但看她的言行举止，似乎有一些沧桑和伤痛。而治愈所有伤痛的药方中，她造出来的这个偶像起了很大的作用。尽管她曾经在恶劣的环境中求生存，但她善良的心地仍然留存，看到林俊杰华丽的衣饰，不是觉得好看，而是觉得心疼，因为他会流汗，会辛苦。她没有嫉妒林俊杰的女朋友，只因为她希望他幸福。这份用情之深，我不知林俊杰是否担当得起。

但我还是想感谢林俊杰，不论真人与她心目当中的那个人相差多远，都是“他”把晓菊从遥远的边陲带到了上海，去实现她自己的一段梦想。在这个人的陪伴下，她变得多么勇敢。

感谢林俊杰，但与林俊杰无关。希望那些和晓菊一样的少男少女，都有自己的梦想，并且勇敢地去实现它。

在人生发展的道路上，有的人奔着名利而去，有人人奔着理想而去。我遇到的晓菊是奔着偶像而去。她的一生由此改变，但却与偶像无关，而与她内在积极向上的动力有关。

暗恋的美人鱼

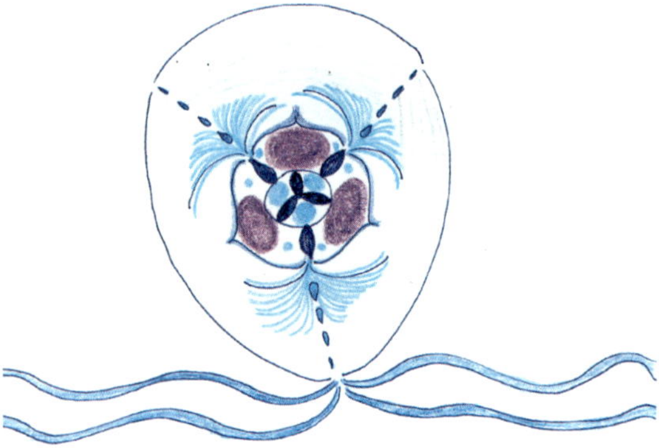

一位闺蜜要结婚了。她的嫁衣是我送的。我早就看好了：一套鱼尾裙的红色礼服。不是因为其他，只是因为她的恋爱类型是典型的美人鱼型：暗恋而不敢告白。

没有学习心理学之前，很少想到她的恋爱类型和童话有关。学习心理学中的意象对话技术后，兴趣盎然地发现：人们的意象中常有童话原型。那天她又来我这里述说剩女之苦、对某男的相思之苦——说是相思之苦，我怎么听怎么觉得她是甜蜜的，我一时兴起，说给她做做意象。我让她闭上眼睛，放松之后，潜到海底。在海底，她看到的第一个形象就是美人鱼，优雅而沉静，在海水中自由地游着。这条美人鱼最爱说的话是：“爱他，但不敢让他知道。”

做好意象之后，她说自己有豁然开朗的感觉：原来，自己从小到大，都在重复这个脚本。高中时，她非常喜欢班上的一位男生，却不敢有任何表示。她最大胆的行动就是在元旦全班同学都送贺卡之际，给这位男生送了一张自制的贺卡，只写了“祝你快乐”，但贺卡上那幅画的每一根线条都是她精心画出来的。在青春岁月中，她的这段暗恋不敢向任何人诉说，不仅对方毫不知情，而且她羞涩到不敢告诉女友。

大学时，她暗恋班上的一位男生。她天天近在咫尺，她却觉得似乎在两个世界中。她慌乱地回避着、躲闪着和他的相遇，却又在心里渴望着看见他，当宿舍姐妹看出端倪、想要促成他们时，她手足无措地逃开了，因为她已察觉出那个男生在寻找机会接近她的一个姐妹。

读研时，她暗恋师兄宿舍的一位“堂”师兄。有事没事，常常去师兄宿舍玩，只是为了看到他。粗心的男生们丝毫不知她的心思，把她当成小妹妹，当着她的面说起那位堂师兄在外地的女同学对他怎样好。她黯然神伤，闷闷不乐，但她怎么也没有勇气有什么表示，哪怕透露出一丝口风让对方知道。

工作后，按她的说法，“没有那么好的暗恋运气了”，周围同事都无法让她有美好的暗恋感觉。直到一次出差，她和另一城市的某剩男相识，彼此感觉都不错。她的美好感觉又来了，但她一直怀疑自己对对方的好感多于对方对自己的好感。于是，她再一次上演美人鱼的经典脚本：“爱他，但不敢让他知道。”她关心他，细致到每天都提前查了某男所在城市的天气预报，然后发短信提醒他上班带伞或加衣。她在意他，每一条他发来的短信都舍不得删，有空就拿出来读。她爱他，希望和他分享自己的每一分每一秒，时时刻刻拿个照相机拍照，把自己生活中的点点滴滴用邮件告诉他。但她却不敢告白。

做完美人鱼的意象，她了解了自己的童话原型。她觉得自己不敢告白的背后，是怕被王子拒绝，是怕失去爱。在童话中，美人鱼和王子生活在两个世界中，而想要在一起，美人鱼就要付出代价——牺牲自己美好的声音。王子的爱是一时的，终究会逝去的。而美人鱼在短暂的爱后，失去了所有：声音、生命和家人。

她不记得自己什么时候读到这个童话的，更不清楚这个童话怎么成了她的恋爱咒语。她决定去拜谒美人鱼。在哥本哈根的港口，她终于见到了传说中的美人鱼。但她满心失望：美人鱼这么小啊！而且看上去很平凡啊！在她的意象中，美人鱼要更有灵气、更飘逸、更美丽。原来，每个人的心中都有一个美人鱼的形象。

当她再次来找我时，我们一起重读了美人鱼的童话。她若有所思地说：“即使是童话，也不像我想象得那么美丽。”

“是的。即使是在童话中，爱也需要勇气。美人鱼敢于去爱，敢于为爱付出代价，你敢吗？”

“我不敢爱吗？”她有点惊讶于我的问题。

“每一次，你都是早早退缩。退缩的背后，不就是没有勇气爱、害怕被拒绝吗？所以，你把这个脚本演绎了很多次，并且沉浸其中，把自己湮没在海水中，却始终没有勇气像美人鱼一样走向陆地。”

明白了这一点，她回去就给某男写了一封邮件——到底不敢打电话。让她没有想到的是，某男居然也是一条美人鱼——爱她，但是不敢表白，苦恼不已。童话原型不分性别，会在每个人的内心上演。

半年之后，我终于送出了许诺多年的嫁衣。在她内心里，那个鱼美人的意象会发生变化吗？我还没有机会问幸福的新娘子。很想和她交流：婚姻的道路很漫长，她还需要继续学习爱的课程。美人鱼是真正懂得爱的。当她最终因爱而放手后，她获得了不死的灵魂。仅仅有勇气去爱还不够，还要懂得爱。我祈祷他们的爱能够超越童话。

美人鱼，曾经拥有最美丽的声音，为了爱，却失声。当美人鱼的童话被解读为只能暗恋、无法表白，它就成为一个爱情咒语，桎梏着美人鱼们爱的勇气。而童话的实质是为了成就爱情，而不是桎梏爱情。

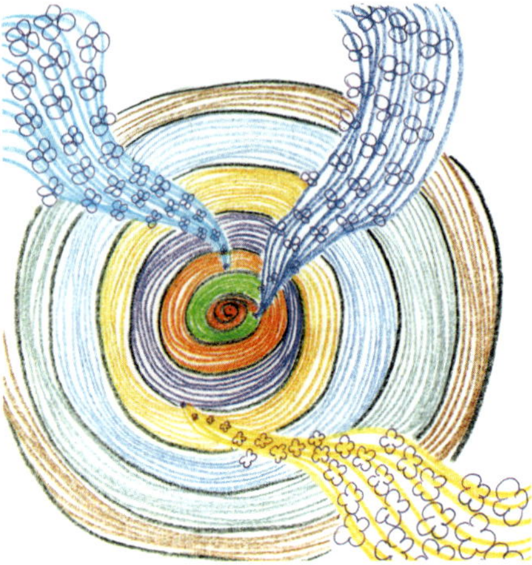

一钵走天下

和朋友一起去一座寺庙参观。恰巧遇到寺里在做法会。我们俩从来没有见过法会，所以兴趣盎然地看起来。第一次知道念经可以这样抑扬顿挫。其实，确切地说是唱经。隔得太远，看不清领唱者，但唱出来绝对是天籁之音。在我看来，这样的曲调是有治愈作用的，在长长的一段紧紧密密的唱诵之后，有一唱三叠、余音袅袅的缓冲，乐器非常简单，听不清楚词，但那些声音和曲调不仅仅是直接进入耳朵的，而且可以直接进到人的心里。到后来我反应过来，领唱的人应该是比丘尼，因为是女性的声音。之前因为看到现场的僧人，我还以为唱的人也是男的呢！

法会做完，众多香客和出家者们都散了。我们也往外走。正在这时，听到有人叫我朋友的名字。我们抬头去找，原来是一个穿着袈裟的师父冲着我们用力招手——后来知道那叫海青而不是袈裟。朋友有些诧异，但随后反应过来，做了一个拥抱的动作，想想不妥，又改成了握手。原来，这是她以前认识的一个人！两个人都在惊叹。我插不上嘴，在一旁打量这个师父，心里琢磨："这个师父到底是男的还是女的呢？"光头、海青、绑腿裤、平底鞋，中性嗓音，没有任何多余的东西可以让我分辨他（她）的性别。男女莫辨。我再去看朋友的神情，想要从她那里得到更多线索。看得出她跟师父说话的神情是非常亲近的，而且身体离得很近。看来是尼姑了。可是，当师父把手一挥、豪气万丈地说"走，我带你们吃饭去"时，我又怀疑自己判断错了。我从来没有见过面部表情这么丰富、这么大刀阔斧的女师父。看来是和尚了。才走几步，听到朋友正在打趣："你这样的人出家，你的师傅怎么敢收你啊？你哪里像一个守规矩的人啊？"师父满不在乎地说："缘分到了，自然就成了师徒。要说规矩，佛门规矩最多，而且对尼姑尤其规矩多，我刚来时要学习 300 多条规矩，比如走路怎么走，说话怎么说……""你现在这样摇摇摆摆地走路，肯定不符合规矩。"朋友打断师父说。"你看我虽然在摇摆，但不是摇摆胯部，我们严禁走路扭胯，因为那样太女性化。佛门中严重地男女不平等，对我们女性有更多的要求和规定。"哦，至此我才弄清楚，原来是位女师父。可是，她对佛门的大胆批评，让我非常惊讶和好奇：可以这样评价吗？既然知道这些，为什么又出家呢？她为什么出家呢？

说话间，我们来到了斋堂门外。师父真的只是带我们来吃饭，因为所有的出家人是直接走进门、坐在自己的位置上，而我们则和香客、游客一起排队进入。没有人说话，所有人都只安静地坐在自己的位置上，会有穿了灰色长衫的出家人提了桶过来，给每个人的碗里打上菜、打上饭。虽然全素，但饭菜很香。

吃完饭出来，我和朋友在那里四处张望，想找到师父。没有看到。我们有些失望，但想想佛门弟子可能不会像凡夫俗子那样打了招呼才离开。正在这时，听到有人叫朋友的名字，然后看到师父大力挥着手飞奔过来。她的手里托着饭碗，饭碗上盖着一块洗碗巾。我很想和她聊，但不知道说什么是合适的。朋友似乎没有这些忌讳，问起她怎么会出家。“几年前我家里遭遇了一件大事，父亲因此而去世。我完全没有做好准备。当时对我的打击非常大。整个人的状态非常不好，根本无法上班、工作。自己觉得这样下去不行，会让妈妈更操心的，于是就说出去旅游，一个人到寺里住下。大概住了两个多月。我觉得心渐渐安定下来了。我觉得在寺里住着很好，就有了出家的想法。但在中国，不是你想出家就出家的，师傅也不是愿意收我就能收我的。我又等了半年，心越发坚定，最后机缘来到，我到另外一个寺里拜了师傅，正式剃度出家。现在来到这座寺里。”

“你现在后悔吗？”朋友问。

“不后悔，如果重新再来，我还是会选择现在的道路。我确实在佛教里找到了归宿。”

“可是你刚才不是对佛门的男女不平等不满吗？”我忍不住插嘴道。

“呵呵，不满不等于不接受啊！接受之后可以更好地改变这些规矩啊！”师父笑了。

“难道你不想念家人吗？”朋友问。

“想念还是想念的，我也经常为他们诵经的。但每个人都有自己的因缘。现在这样很好。”

“可是你过去可是个风云人物啊！”朋友有些惋惜。她们曾经同学过。

“呵呵，可是那些是多么浮华啊！我那时什么都想要，什么都不想失去，工作、家庭、金钱、友情、健康，怎么可能呢？每天都生活在焦虑当中。现在我只要一钵就可以走天下。哪怕我现在就这样跟着你们出门，我一样可以很安心地生活和修行。”

我频频点头。当一个人拥有放下的勇气和智慧时，恐惧就会远离。只是这条路不一定适合每个人。

“我爷爷今年身体不太好。我其实非常担心他挺不过今年。我从小是爷爷带大的，和他感情非常好。”朋友的眼圈已经红了，“佛教中有什么说法吗？我想替他做一些功德。”她的泪含在眼眶里。

“我带你去写两张文疏吧！一是替所有那些被你爷爷杀生的生命超度，杀生的罪孽太大，二是替那些被你爷爷伤害过的冤亲债主超度，让他们不要再来找你爷爷。这样你爷爷今年可能会消病消灾。”师父带着悲悯说道。

师父带着我俩去办公室，一笔一画地教朋友写了文疏。朋友仿佛放下了一副重重的担子——她把爷爷的健康托付给了佛祖。师父还教她每天在家念佛号 1 500 遍，并且把念佛号的功德回向给爷爷。朋友小声说：“可能我做不到。没那么多时间。”师父说：“本来应该念 3 000 遍的！我已经帮你减下来了。”朋友更小声地说：

“我不打诳语，可能真的做不到。”师父不言声了。

我们还聊了很多，我问了很多问题，她都耐心地一一作答。问起她是不是领唱诵经之人，她说：“不是我，我的长处在于画画，不在于唱歌。领唱诵经要挑声音特别好的人，经过专门培训才可以。”离开时问师父有没有联系方式，她给了我她的QQ号和微信号。“你能用QQ和微信？”我好疑惑，她们好像管理很严格。“有啊！我可以通过手机上网。不然有些联系不方便啊！”她呵呵笑了。“不过，我们做功课时不能带手机，只能晚上睡觉前查看一下。”她的QQ名字滑稽诙谐。

离开后，我常常会想起这个师父，她完全打破了我之前对比丘尼的刻板印象，有自己鲜明的个性，看上去脱俗，但又很入世。她有很强的批判精神，但又严守佛门戒规。佛门不是她遁世之地，而是她真正的选择。她很清楚自己要什么，正在做什么。在别人看来，她做了人生的减法，但在她看来，她的人生因这些减法而更加圆满。

原来，一个人的需求可以减少到这样，只要一钵就可以走天下。

老姚水果店

——我们身边的生存客

在各种基客、驴客、创客行于天下时，我看到身边还有一群生存客，他们最主要的使命是生存。在城市人说提高生活质量时，他们想的是如何生存。在我们小区里，就有这样一户人家。

这户人家开了个“老姚水果店”。大家都默认店主姓姚，所以他们一家就成为老姚、老姚老婆、老姚孩子。我搬进小区时，老姚水果店就在。第一次去买水果，老姚老婆给我过称、收钱。我发现她算错了，少收钱了。向她指出，她呵呵一笑，倒不在意，说：“平时都是老姚算的。”“那老姚呢？”“批发蔬菜去了。光卖水果赚钱太少。再说小区居民也提出想在家门口买菜。我们也会进一些大米。”后来小店门口摆出了更多的东西。

慢慢地我在老姚家买东西的次数多起来，因为确实方便：家里需要什么，只要下楼就可以买到。一个电话他们还可以送货上门。我不知周围人和我的想法是否相同：开在小区里的店，对居民很方便，所以还是要多多光顾，让它生存下去。我没有再刻意比较店里东西价格和外面相比怎样。天天路过，看得见老姚和老婆有多辛苦，起早摸黑进货、收拾，好不容易闲下来，也要剥豆、捡黄叶。夏天如果瓜果堆在外面太多，老姚就铺张席子睡在露天。冬天天再冷，他们家的店也都是很早就开、很晚才关。天天路过，也看得见蔬菜和水果有损耗，那些坏掉的蔬菜和水果就扔在旁边的筐子里，这些也都是成本。

更重要的是：老姚有一家子人要养活。她的大女儿在上海读中专，平时住校，周末回来。小儿子正在读小学，就在附近的学校插班读——老姚常说自己福气好，孩子可以进上海人的学校读书。别的孩子是父母送，老姚家的儿子也是父母送。老姚老婆蹬着三轮车去送。车上常常还放着一袋水果、几只瓜，她顺便给小区居民送去。她在三轮车上放一只板凳，小家伙穿着校服坐在上面很神气，眼睛亮闪闪的，除了皮肤比城里同龄的孩子黑，其他方面和城里孩子没有什么区别。后来车上就坐了两个小孩，因为老姚老婆顺便帮小区里另外一家人也接孩子，两个孩子在车上打打闹闹、有说有笑。小区里最快活的孩子就属老姚的儿子，虽然老姚也吼儿子，让他去做作业，但大部分时间，总是见到孩子在外面疯玩，像阵风一样跑过来跑过去，没有见他参加各种辅导班。有时候大人不在，老姚儿子也会来帮助卖东西。老姚和他老婆卖东西时，顾客还常常讲讲价，要求把零头去掉。但轮到小朋友给我们卖东西时，大家会热心地帮助他算钱，也会考考他的加减乘除法。有时他不知道价格，顾客还帮助他定价。没有人再要求把零头去掉。那个孩子，是小区里所有人眼中的孩子。

有时买了米，店里只有老姚老婆在，我就说等老姚回来了再送。老姚老婆嘻嘻一笑："他在家也是我送的。"我可是买的 10 斤米啊！老姚老婆也只有一米六的个子。到了楼下，她二话不说，扛起米，雄赳赳气昂昂蹬蹬地上楼。我没有拎东西，却比她晚到。她米也不放下，手叉在腰上，就站在那儿等我开门。

有一次晚饭后和女儿在小区里散步，看到西瓜，就想买一个。后来想起来没有带钱下来，女儿有些遗憾。我转念一想：没有钱也可以把西瓜拎回家！女儿不相信。我就跟老姚说："我没带钱下来，先拿一个瓜走，明天下来时再给你钱，可以吗？"老姚马上就挑了一个瓜给我称好。女儿很惊讶。还有一次买水果时，我随口告诉老姚上次买回去的瓜有点生，他马上重新给我挑了一个瓜送给我，我赶紧推辞。

老姚一家在上海已多年，儿子也是在上海出生的，算是上海人了。他平时总是笑呵呵的，但最大的心事就是要为儿子盖房子。随着上海生活成本、租金的升高，他觉得按目前的方式他很难攒起这笔钱。他决定再多做一些事情。他不知从哪里买了一辆报废的旧卡车，把水果放在卡车上。他天天开着卡车到小区附近的路口去卖水果。路口人流量大，生意还不错。他觉得在上海考驾照太贵，就托人到老家办了一个本本。生意无法耽误，他没有回去过，连车子都没有摸过就开起卡车了。小区里的居民好心地提醒他一定要学好驾驶技术，安全重要，他总是笑呵呵地说："反正每天只开一公里。"

后来正是这一公里改变了老姚的命运：他在倒车时撞了另外一辆车。老姚自己腿撞断了，老姚老婆也受伤了——她当时在指挥倒车。更为倒霉的是对方车上有两个人受伤，仅仅是治疗就要花几万元。这些还不是全部：由于他的车没有买车险，所以两辆车的维修费全部都自己出。还因为他买的是报废车，他不敢叫交警，所有的解决都是私了。他把这些年所有的积蓄全部搭进去了，还需要借债。

那几天，老姚水果店没有开门。小区居民议论纷纷，都在为他们担心。后来门开了，店里只有老姚老婆一个人在进进出出。她的脸像被毁过容一样——因为当时她的脸朝下结结实实地摔倒在地上了，事后为了省钱，没有在医院做全面的治疗，更没有做整容，只做了基本的包扎就回家了，受伤的地方都留疤破相了。大家见到她都会叹息，但她自己却并不在意，只是忙进忙出，过去老姚做的事情现在也全部落在她身上。再过了一阵，见到老姚了，他拄着拐杖慢慢地走，人憔悴了很多。他比以前沉默了许多，不怎么说话了。

再过几天，小店的门又关了。关了很久。听保安说，他们一家已经回老家农村了，那里生活成本更低，可以自己种田。“那孩子呢？”我问。“一道回去了。还能怎么办呢？！”保安摇摇头。“那小家伙得重新适应当地的生活了。他应该是个上海人呢！在上海长到9岁。”我叹息道。“老姚也是命苦。就是为了这个儿子才去弄车来开，现在儿子的房子没有影了，连在上海也没有办法待了。他这一辈子都完了。”保安说。

我不像保安那么确信老姚的下半辈子就完了。确实，他遭遇了非常大的打击，但他不会那么轻易被打倒。和土地在一起是最好的疗伤方法。土地会用自己的方式疗愈他：土地会提供无穷的事情让他做，土地会在他种下种子后结出果实，土地会有一年四季的变化，每一时刻都不同。只要他跟土地在一起，生活就会继续。他会辛苦，但土地会给他回报。

不论老姚在哪里，都祝福他们一家生活得更好，不用为生存太过奔波。

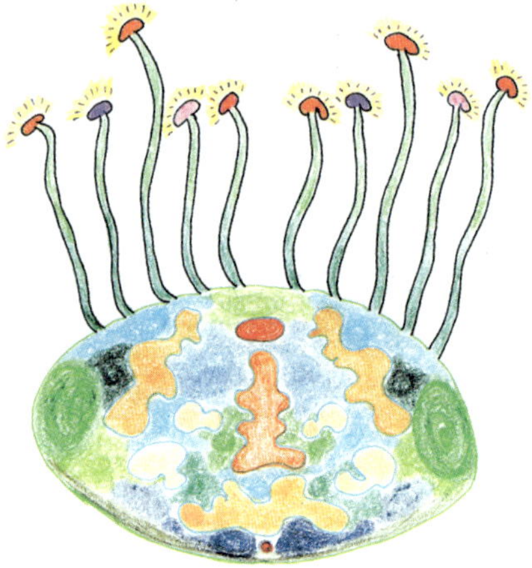

羡慕

三个发小加闺蜜正在果园里坐着。三人都已过不惑之年。这次聚会的主角本来应该是刚回国的黎黎，但后来成了桑桑——她的父亲不久前才离开人世。

阿秀和黎黎正在听桑桑诉说：“我其他什么都不怨，我只怨医院草菅人命，剥夺了我本来可以孝敬爸爸的时光。爸爸体检时查出来是癌症之后，我马上决定瞒着他，因为他看起来太像一个健康人了，平时连感冒都难得有。他天天还在地里干活，比我都能干。我搬不动的东西他都能搬动。我哄着他去外地另外一家医院再做检查，确诊是癌症。但医生的态度比较轻松，说这个癌症手术治疗后，病人存活时间较长。我的心情也从沉重和焦急变得放松下来。我想通了：好的结果是爸爸再活二三十年，糟糕的结果是只有三五年，但我可以放下一些手上的事情来陪爸爸，满足他的心愿，这样我也知足了。爸爸不习惯外地，更不习惯住院，想到手术后还有很长一段时间的康复期，于是我决定带爸爸回到家乡治疗。回来的路上我还和爸爸开玩笑，逗逗他，甚至中途还去他当兵的地方逗留了两天，我想把看病当作一次旅行，让爸爸精神更好一些。回来后我安排爸爸住院，并联系了外地的名医来给爸爸做手术。我千想万想没有想到：大医院和小医院的差别并不仅仅是在手术质量方面，更有护理和管理方面。我千辛万苦瞒着爸爸的病情，一个小护士冒冒失失地随口说出来了，爸爸的精神马上垮了。他开始整夜整夜睡不着，想到了好多事情。我看着非常难受，不停地劝说。好不容易让爸爸打起精神配合做了手术。手术之后，当地的主治医生告诉我们手术很成功，我们也放心了，爸爸自己的状态看起来也不错。全家人都松了一口气。但医院管理混乱、护理水平差，术后两天我爸爸突发心梗，人就没了。我爸爸是好好地走进医院的，出来时却是被抬出来的。我真的是受不了……”桑桑的泪水流了下来，“当时我正在削苹果，就听到爸爸说难受，然后他直接躺倒在床上。我赶紧过来，摸到他的脚冰凉，我就把被子给他盖上，结果他一脚把被子蹬掉，我还想他干什么要蹬我，结果那是他呼吸的最后一口气，再也没有气吸进去，也没有气出来了……”桑桑趴在那儿大哭起来，像个孩子一样。一边哭她一边抽抽噎噎地说：“我好后悔啊……我应该在大医院给爸爸做了手术再回来，这样我至少还可以孝敬他啊！……现在我没有机会了啊！……”

阿秀和黎黎都是眼中含泪，什么话也说不出来，只是默默地陪伴着桑桑。过了一会儿，桑桑平静下来了。阿秀慢慢地开了口：“我羡慕你还有妈妈可以孝敬。几年前，我妈妈走的时候，我也是这样难过。我最后悔的是之前我全部的注意力在爸爸身上，因为爸爸生病多年，老病号、药罐子，每周都要去医院。一直是我妈妈在照顾他。我忽略了妈妈也是一个老人。她有什么不舒服也不吭气，我们也没有及时察觉她的异样。等查出来，已经是癌症晚期。太痛苦了，每天都很痛，痛得睡不着。她唯一能放松下来的时间是打过止疼针那一会儿，能安睡一会儿，只有那时她的眉头才是松开的，身体才是放松的。我恨不得那些疼都在我身上……”阿秀说不下去了。她停下来，忍了一下泪，接着说：“平时那么爱美的一个人，走的时候只有50多斤。现在回想起来，最后那段日子对她来说很难熬吧！因为太痛苦了。如果再来一次，我真的不会让她再受这些苦了……如果她决定要走，我会放手让她走……可惜人只能死一次，我那时不懂，一定要让医生一次一次地救治……妈妈太痛了……”阿秀的声音几乎不可闻，她沉浸在自己的回忆中。

桑桑轻轻地搂搂阿秀的肩，想要安慰她。阿秀看着她说：“你知道吗？我真的好羡慕你，因为你爸爸走的时候没受什么罪，没有受什么煎熬。我知道医院有不对，你心理上也承受不了，完全没有预期爸爸会离开，但我真的是羡慕你。你不知道我眼睁睁看着妈妈最后十多天什么都吃不下、连水都喝不下时多难受，她每时每刻都在痛，但我却无能为力，后来她走了，我很难过，但我同时也舒了一口气，我知道她解脱了，不会再受苦了。”

三个人在午后的阳光中相互陪伴着、诉说着。过了一会儿，黎黎叹了一口气："你们知道吗？我其实内心里羡慕你们两个人，你们都可以在父母身边，父母需要时随时可以出现，阿秀你还在父母床前侍奉了好几年，桑桑你虽然有遗憾，但毕竟平日里还是常见父母，过年过节都和父母在一起。只有我有心无力，人在半个地球之外，父母有什么事情，指望不上我。平时只能打打电话。这次回来教会父母用视频电话了，可以想看就看了。但有什么用啊？他们看病时我没有办法陪，过年过节我没法给他们买年货。两三年才能回家几天。我有时也在想：父母养了我有什么用啊？我都没有办法在他们身边。这次回来邻居无意间说漏了嘴，说妈妈有一次摔倒在外面，人就晕了，直到邻居路过才发现，赶紧叫了救护车。想到妈妈躺在地上那么无助，当时我眼泪就下来了……以前接他们去国外，他们不习惯，去了几个月就一定要回来。现在他们说自己没法出那么远的门了，我看他们的状况，也有一些担心。但放他们两位老人在这里，我真的是心里悬着。我现在手机晚上都不敢关机。"

阿秀和桑桑握着黎黎的手说："不是每次都跟你说吗？有什么事儿招呼一声，我们肯定会出现。"黎黎说："我当然相信你们，也指望你们关键时刻能帮忙。但我父母轻易不会麻烦别人，别说你们，就是对我，他们也是报喜不报忧，一直说自己什么都好。在电话里不觉得，回来住在一起，我知道：他们真的在变老。我在他们身上看到了衰老。我心里有点怕……"她的泪涌上来。"我怕哪一天回来见不到他们……"

在一片静默中，阿秀开了口："你知道吗？这次父亲走了之后，我最欣慰的一件事情是我带爸爸回了一趟他当兵的故地。我不知道是冥冥中的安排还是凑巧，反正当时我脑子一热，临时决定去一趟那里。这是计划外的，但我觉得真值。爸爸笑得所有的皱纹都舒展开，很骄傲地指给我看当年的那些地方，还去了部队的驻地，对着那里行了一个军礼。那一刻，我觉得爸爸的腰挺得笔直，完全就像一个健康人。他走得那么突然，我有太多的遗憾，唯有这件事情，我觉得我做得很好，满足了他的一个心愿，尽管他从来没有说起过。所以，黎黎，你不用害怕，你只要用你的方式尽孝，那一天来到时就没有那么可怕。”

桑桑也开了口：“我觉得阿秀说得很对。其实我爸爸走之前已经在轮椅上过了三年。当时爸爸刚刚不能动时，我觉得天都塌下来了，觉得以后的日子肯定会很灰暗，那时上班忙得天昏地暗，回家一刻不停地侍候父亲，做家务、带女儿。过了一年，什么都理顺了，我马上去换了一辆车，换了一辆空间更大的车，一到周末，只要天气好，就带着父母到周边去玩。轮椅就放在后备厢里，到了地方一拿出来就可以用，每次还准备好野餐的东西。我女儿还一直怀念那段时间，因为全家人可以在一起。我有整整三年没有参加过外面的任何应酬、聚会，下了班就回家。那些日子别人看着苦，其实我知道里面有甜。父母健在，就是子女最大的福。你知道吗？我羡慕当你叫爸爸、妈妈时，还有人答应你……”一滴晶莹的眼泪挂在了桑桑的睫毛上。

风轻轻地吹过，带来一股果香。果园的主人从一旁的椅子上站起来：“我真羡慕你们的父母，因为他们有你们这么孝顺的女儿。来，一人送你们一只特级大苹果，带回去给家人尝尝。我的儿子已经好几年没有回来喽！他到南方去发展，电话里说做得越来越好，天天做不完的事儿，一年到头没个歇息。他要像你们一样经常挂念着父母就好了。”

“我们羡慕您有这么大一个果园呢！”三位女士异口同声地说。“人到中年之后，我现在的梦想就是和父母在一起，拥有一个果园，过田园生活。”黎黎说。

这个世界上，每个人都在羡慕别人呢！

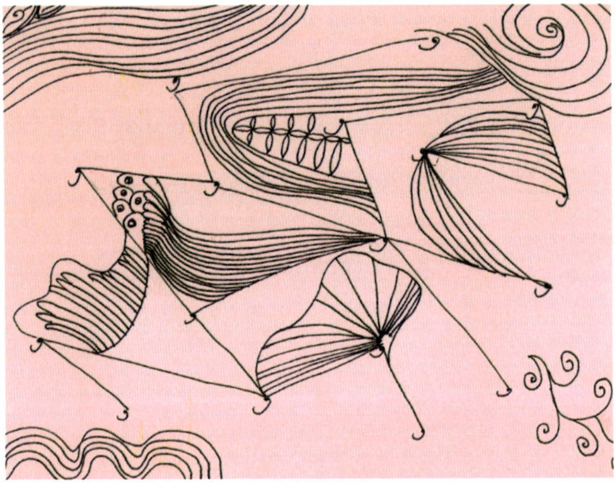

舍离弃而不凉薄

一位年轻的朋友从国外回来，为她接风洗尘。她的笑容依旧晏晏，但我觉得眉眼间多了一些什么。我一时捕捉不住那是什么。我们的话题像午后阳光中的一只懒猫，时而停顿在她目前在国内的生活上，时而又悠地一下转移到她在国外的生活。我能够理解，刚刚回国的人，有可能眼前会有两种画面的叠加，不时地仍然有时空错乱的感觉，恍然不知自己身在何处。

她慢慢悠悠地说："你知道吗？我这次深切地体会到自己缺乏一种魄力和果敢力，无法和过去说再见。我在国外只生活了三年，但回国前收拾行李时，却整理出来赫赫然半屋子想要带回去的东西。其实我已经处理了很多东西：家具送了人，车也留给朋友了，杂七杂八地也扔了不少东西，但精拣出来的、想要带回来的东西仍然很多。我在那堆东西跟前坐了整整六七个晚上才算整理完。就这样，整理出来的行李也有九个包。我知道肯定会超重，但我真的没有办法精简了。最后果真多付了几千块钱才把它们运回来。很多东西不是因为国内没有，而是因为它们记载着我在国外生活的痕迹，记载着我在这里的时光和情感，所以放不下。”

听她这样说，我心中一动：她属于过去时间导向型的人，她放不下的，除了东西，可能还有其他方面吧？果然，她提起了这部分：“我不知道你当年回国前最难受的是什么。我最难受的是要跟所有人说再见。虽然我和他们都已经预知了分开的具体时间，但我心里真的很难受。你知道，有些人可能这辈子都不会再见到了。我从来没有想到过回国意味着我在这里的关系需要中断和处理，我本来以为只是离开，后来我发现根本不是那么简单，我需要和这里的一切说再见。即使我将来再回去，也是物是人非了。要跟我的邻居们说再见，要跟我学校的同事说再见，要跟我一起打太极拳的拳友们说再见……”她的语气有些飘忽起来，我知道，她已经陷入自己的回忆中，有些画面可能飞驰过她的眼前。

过了一会儿，她打破安静：“其实最难的还不是这些。最难的是不知道该说‘永不再见’还是说‘期待再见’。我在校园里打了三年太极拳，因为好奇来跟我学的人陆陆续续有不少，但只有他从出现就没有消失过。开始大家只是拳友，每周见三次，后来就约着一起喝咖啡、一起参加活动，我们对很多问题的看法惊人地一致，有很深的默契。最开始时，我不清楚自己会在国外还是会回国，所以还可以全心地沉浸在这种爱中。但我逐渐明确我是一定要回国的，父母终究是需要我照顾的。他们是不可能离开故土的。而他也不可能跟我回国的。即使后来他同意跟我回国了，我想他在这个全然陌生的环境中未必会生活得开心。我非常纠结，他也非常矛盾。最后那段时间，我们的状态真的很不好。最后，我是趁他出差期间离开了，实在没有勇气当面告别。”我这才理解，她眉眼间的，是一种淡淡的哀愁，是对过去生活的悼念。

“现在怎么样了？”我问，她回国已有两个月，可能有些事情已经想清楚了。“我们经常视频，他一个劲儿说服我，说爱可以穿越时空。但我觉得越来越无力，因为我和他生活在两个世界中。我可以想象出他每天的生活、他的交往圈，但我无法跟他描述清楚我在这里的生活，因为这是他全然陌生的环境和世界，我说了他也不会懂。”

“你没有想过邀请他过来吗？这样他就有机会了解你的生活。”我问。对于美好的爱情，我心里的一个声音是“在一起，在一起”。“我想过的。但他来看过之后，又能怎样呢？”她苦笑了一下。“每次我要心软时，总会想到我在机场的镜头。你不知道回国前在机场时我有多狼狈。我是趁他出差之际走的，不给他送我的机会。其他朋友来送，但因为我需要到另外一个城市坐回国的飞机，所以朋友们只送我到火车站。火车站虽然直接连着机场，但行李手推车都被用完了，所以我是用手把行李连推带拎地弄到办理登机的柜台前的，因为有九件行李包，一次还弄不走，我得先把五件行李往前运一段，回头再运另外四件。亏得国外治安好，不然，如果有人要打劫，我也只能眼睁睁地看着别人劫走我的行李，我根本不可能去追。那种狼狈和无助，我真的不想经历了。如果我和他继续在一起，我可能要一直陷在这种狼狈和无助中：很重的担子，但卸不下来，没有人可以分担，我只能日复一日地背着。我需要他的时候他不能在我身边，而他需要我时，我在万里之外。想到这种画面就会让我觉得无望和灰暗。”

“那你下决心了吗？”我还是不忍看着她吊在空中悬而未决的难过。“其实是飞机上的邻座给了我启发。你知道，长途航班，10 多个小时，总会和邻座说说话的。当我说起我的九件行李包时，我的邻座说他只有两个箱子，而他在国外待了 5 年回国，和我一样，是不会再回去的那种。他说他提前把所有的书和文件资料都扫描成了电子文档。其他的，他就全部处理掉了。我惊讶地问他那别人送他的礼物怎么办——我很珍惜别人的礼物，回国行李中，光是礼物就装了两三个箱子，并不是东西多珍贵，而是那一种情分。在国外每一个节日都有礼物，所以几年下来就积攒了很多礼物。而他说在每一个地方都是一个新的开始，他不愿意带着旧的东西开始新的生活，所以临走前他处理了所有的东西。我觉得他身上有一种我缺少的东西，就是抛弃旧物、旧关系的勇气，还有那种对未来的信心。他好像什么都不担心，什么都不怕。我可能对未来想得太多，那些虚无的恐惧会耗掉我对未来的激情。我可能需要新的开始而不是陷在过去的纠缠中。”

她的神情中有了一些活力，就像春天刚刚发出的嫩芽，很纤细，但很有生命力。

我知道她现在处于天人交战之中。恋旧型的人哪会这么快转为未来型的人？但这并不妨碍她在关系的处理上运用未来取向。她在飞机上遇到的那个人，是典型的未来型，“舍离弃”对他根本不是难事。而她是恋旧型，情感体验又如此细腻，“舍离弃”

对她来说是特别需要学习的技能，而且有可能是她一生都要修炼的功课。她要走的路注定和她飞机上邻座的不同。

果断地处理“舍离弃”，确实是一种能力，但我好怕她拥有“舍离弃”的能力后，她为此付出的代价是成为一个冷漠、冷淡和凉薄的人。

这个世界需要有人怀恋旧时光，怀恋我们曾经拥有的一切，这个世界才不会被遗忘，曾经经历的一切才是有意义的。

想象力的种子是怎样种下的

如果说我的童年比现在的孩子多一些什么，那就是自由和散漫。父母对我们完全没有要求，随便我们玩，随便我们长大。

如果说我的童年比现在的孩子少一些什么，那就是书。我已经不记得我什么时候和我人生的第一本书相遇了，我怀疑是我的小学一年级的课本，因为记忆中搜寻不出比它更早的书。

除了课本之外，我和第一本课外书相遇是在小学三四年级。那不是我的书，是一位同学带到教室的书。隐约记得是关于金钟的一本画书。下课时全班同学都挤在一起。人太多，挤在后面的人看不清，于是后面的人就跪在课桌上，于是两圈人头密密麻麻地围着捧书的人。看完的人催着捧书的人快翻，没有看完的人凝神屏气地抓紧时间看。上课铃响起来，没有人注意到。老师走进教室，大家才一哄而散。我听到一个女生说："就她一个女生和男生混在一起看书，都没有女生这样。"在那一瞬间，我突然意识到我和男生这样挤在一起是一件不妥当的事。按照道理，我平时会注意这些的，但在书本面前，我会忘记这些。书本对我来说永远具有魔力。

由于书本是稀缺资源，所以谁拥有资源，谁就拥有更多权力：可以决定谁先看，可以决定看多久。只有和书本主人关系好的同学才能碰触到书。排在后面的人眼巴巴地盯着看书的人，关注他（她）的一举一动，只要一看完，马上抢过来。那个时间，一本书往往会全班同学都轮过来，而每个同学看书的时间都是有限的，在学校里都是按一节课一节课来计算的，下课就会转到另外一个人的手里，所以上课的时候就得快速看完。往往是全班同学都会掩护那个正在看书的同学，好让其安全迅速地把书转到下一个手上。每一本书都是全班人的宝贝，如果让老师没收会是一个巨大的灾难。在这样的氛围中，我如饥似渴地阅读每一本我能够接触到的书，白天看，晚上看，上课时看，走在路上看，灯光底下看，阳光底下看，没有光的时候凑到眼前看。取决于什么时间我能得到书。在近视眼非常罕见的年代，我的眼睛近视了，因为我完全不分时间、场合和明暗度地看书。

那个时候，我们这些学生最不缺乏的是时间，最缺乏的是信息，是故事，是外面世界的样子。没有报纸——我接触报纸已是小学高年级的事情。没有广播——那时不是每家都有收音机。人们的流动性也很小，难得有人去另外一个地方。书是那么吸引我，因为书给我打开了另外一个世界的大门，我开始知道世界很大，我们生活的地方不是整个世界。其他地方的人可能和我们生活得完全不一样。

上小学二三年级的时候，班主任是一位语文老师。当时她为了让我们听话，立了一个规矩：如果全班人没有人捣乱，放学的时候就给大家朗读一段故事。如果有人捣乱，这一天就没有故事听。为了听到这段故事，全班同学齐心协力地做好学生。大家最盼望的时光就是别的班放学后我们在教室里听故事。记得老师当时挑了一本故事书来读，每天读一章。有时读到关键点，大家大气都不敢出，只听到老师读书的声音在教室里回响。那个时间，全世界其他的声音都消失了，只有老师读书的声音。读完一章，老师会放下书，看着我们亮闪闪的眼睛说："今天就读到这里吧。"大家安安静静地离开教室，因为心里还回想着老师读过的情节。如果是冬天，因为晚下课，外面的天已经黑透，但内心里带着喜悦和享受，即使走在黑夜里，心里也是明亮的。个别时候，会有学生大着胆子恳求老师："再读一章吧！再读一章吧！"全班同学马上一起苦苦哀求。如果老师心情好，或我们表现特别好，就会多读一章。所有人会格外珍惜多读的那一章。那种发自内心的满足感和珍惜感，深深地印记在心里。至今印象最深刻的是老师读过的一本故事书，讲一个孩子如何成长为革命的先锋力量。我不记得书名，也不太记得细节，但那本书带给我的明亮感，一直在心里。

后来我自己喜欢上朗读。最喜欢读的是语文课本。小学时的语文课本印象已经不深刻了，但初中和高中的语文课本已经编得很好了，有事没事的时候我就反复读，读到后来，即使不翻开书，我也能够流畅地朗读出来。原来，不知不觉中，我已经会背所有的课文了。上学和放学的路上，我会一个人念念有词，满心欢喜地背诵课文，津津有味地咀嚼每一句话，欣赏那些韵律、那些情感变化，沉浸在那一篇篇美文所描绘出的世界里。很多年后，我才知道当年的这个习惯对我建构出自己的世界有多么重要，对我喜欢上写作有多么重要。

很多年后，我还意识到一点：我看书的速度非常快。因为有人等在后面、催促着，所以我看书的速度非常快，可以一目十行。我以为所有的人都这样，因为每个人后面都有一堆催促者。偶尔发现不是人人都这样。四五年级时，有一次和爸爸一起读一本书。我记得那是一本新到的《世界文学》，我非常想一睹为快，爸爸也有这个想法，所以我们就一起看。我看完了一页，爸爸没有翻书的意思，我就再来来回回看好几遍，实在等得没有耐心了，小声问爸爸可不可以翻页。爸爸很惊讶，问我是不是因为书太难不愿看，或者是不是不认识的字太多。在他看来，小学生看这本书是看不懂的。我解释说我已经看完很久，不难懂。爸爸不太相信，就翻了一页新的，和我一起看起来，让我看完后就告诉他。我看完后马上告诉了他。爸爸那时才读了一部分。他马上提了几个问题，想确认我是不是真的读完了。我应声回答，全部答对了。爸爸这才相信我看书的速度很快，而且记住了书里的很多东西。很多年后，我才知道这个习惯对我快速吸收知识、迅速抓住要点是多么重要。

我有时候会想：如果小时候能够看到更多书，现在的我会成为一个怎样的人？最初我觉得书多一定会对我更好，现在我不确定这一点。当书和信息稀缺时，人的想象力就会出来工作。因为有大片空白的时间和空间，想象力可以自由地填补这些空间。因为有足够的沉淀和思索，人在迷惘后更容易形成自己的观点。由于外在环境的艰苦和严苛，内在世界的丰富和宽松就变得非常重要。虽然有时候这隔开了我对现实世界的深入探索，但总体上内在那个想象的世界让我更安然地生活在现实世界中，不管现实世界如何好或如何不好。

那些想象的种子是什么时候种下的，怎么会有这么强的生命力？我想这是那个时代给孩子们种下这些种子。精神生活贫瘠之后成长起来的一代人，一定是格外钟情于建构精神世界的。而我和我的同龄人，就是这些种子的承载者。

傻傻地热爱

一名学生到办公室来找我，期期艾艾地说：“我想转系，老师您觉得我转到哪个系好？”

“转系?！”我有些吃惊。

“是的，我不想学心理了，心理学没有意思。但我不知道学什么好。”学生解释着。

“心理学没有意思？！”我继续吃惊着。一些往事，如同草原上下过的第一场春雨，悄悄漫过我记忆的草原，浸淫过来。

成为心理学的小白鼠：傻傻地热爱

10 多年前，我硕士毕业，留校。一切如同别人眼中好学生的人生轨迹，像是一出生就专门为学校而生。但有一天，我的师妹来找我，说和她住在一起的心理系的博士新兰做毕业论文，需要找被试，会很好玩，问我愿不愿意去做。那时还不知被试是什么，后来知道心理学中所有被试验、被调查的对象都叫被试，从小白鼠、猴子到人。我愿意，对未知的事情我很好奇。于是，我第一次走进了心理咨询室。我接受了意象技术的心理咨询。新兰对我所做的，是拆出我的子人格，然后做整合。那时我对心理学一无所知，在知识层面对她的这些解释似懂非懂，但我的心听得懂。于是，非常奇怪的事情在我身上发生：一方面，我非常好奇正在发生的事情，每次回来都会自己做整理和记录，那些一个又一个的人物真的让我很着迷；另一方面，我的潜意识却感受到威胁，因为这种技术可以挖得很深，深入到我内心从没有拜访过的原野。于是，我每次去咨询之前都会找不着家里的钥匙。几次都是全家人翻箱倒柜帮我一起找，最后却是在我的包包里翻出来。现在知道这是一种防御行为。当时并不知。

在最后一次咨询结束前，新兰对我说："你有这么好的心理学天赋，为什么不学心理学呢？"

"我有心理学的天赋吗？"我有些吃惊。我从来没有看见过这些天赋，不知它们长什么样儿。

"你真的有。那些细腻，那些敏感度。"新兰肯定着。

"可是，我从来没有想过学心理学！"我还是吃惊着。

"你可以读心理学的博士啊！"新兰轻松地说。

我并不轻松。在我以往的人生道路上，一切都是顺理成章的，现在突然要出现一个大拐点，要去学和我本科和硕士专业完全不相关的专业，匪夷所思。这是我的第一个反应。第二个反应是："周围人会怎么看？"这是好学生的习惯性思维。别人的看法永远重要。第三个反应是"我能考得上吗？"这些沉重的疑问被新兰三言两语轻松地化解了。于是，我决定考博。

一穷二白去考博：傻傻地专注

那时，离考博只有100多天。对心理学的知识我一穷二白。我把所有必须看的书全部找来，加起来，一共几千页。于是，做出计划，每天必须看完多少页。在我正在做这些的过程中，出现两件事，动摇着我的决定：一是单位不同意我读和目前专业不相符的学位。那毕竟是10多年前，没有单位的盖章、同意，我根本不可能报名。于是，一次又一次地沟通，每次沟通都需要像祥林嫂一样解释为什么要去读心理学，"因为我喜欢。"而那时的人们似乎听不懂这个词，"你舍得放弃学了7年的专业吗？"他们苦口婆心。一是我不理解为什么熟悉的人都变得陌生；二是体检时医生让我在那段时间少用眼，最好不要再看书。

第一个挫折让我更坚定了决心。我只是傻傻地坚持着。第二个挫折让我改变了学习方法。每看20分钟，我就闭上眼睛，在脑子里回放看过的内容，把它在头脑中进行总结，压缩再解压缩，然后把它和之前的内容再放在一起，整合进一幅图画中。不知为什么，那些看过的文字会生动地出现在我的头脑中，看过一遍，就会印刻在那里。

傻傻地专注，是在人生那个时刻学到的。几千页的书，就这样一页一页地被我读进了心里。我是在工作之余准备考试的。我需要抓紧每一分钟。我的包里一直会放着书，在任何地方、任何时候都可以拿出来看一眼。没有什么能打扰我。每一页书我都会充满感情。它们也好像给我带来了新能量。

多年后读到《郑板桥集》中的“板桥自序”一段话：“人咸谓板桥读书善记，不知非善记，乃善诵耳。板桥每读一书，必千百遍。舟中、马上、被底，或当食忘匕箸，或对客不听其语，并自忘其所语，皆记书默诵也。书有弗记者乎？”心有戚戚焉，与板桥隔了时空击一掌。

终于，在报名截止的最后一天，我交上了报名表。有人一直反对，但有人被我傻傻的坚持打动：“给她一个机会吧！能不能考上她也没有把握。毕竟她比别人少学7年。”我平平静静走进考场。我从来没有见过博士考试试卷，在内心里准备了很多种题型、很多道题目，见过卷子，有点失望，原来，只有名词解释和问答题啊！轻轻松松地做完所有的题目。

很多年后，同一届的师兄们告诉我：“那个时候，大家都在传说考第一名的是匹‘黑马’，从来没有学过心理学，从来没有在业内见过，但考分却遥遥领先，让我们这些人脸上真不好看啊！”我吐吐舌：“我是不小心的。下次坚决改正。”他们都是正统的心理学出身，不会有半路出家人的困难，可能，也没有那些傻傻的热爱。我是因为真的热爱，才会坚持自己的选择。而那些热爱，就会产生魔力。

敢于表现无知：傻傻地问

魔力还不止这些。开始读博士后，我自知底子太差，于是流窜到各个班上去听课。作为跨专业考生，按学校规定我必须补够三门硕士生的课。我补的远远不止这些。我甚至去补本科生的课。我如饥似渴地吸收着一切我能接触到的知识。什么对我都是新的。坐在本科生的教室里，我津津有味地听课，不时地举手发问。很多年后，一个当年一同听课的本科生和我相遇，她说道：“你知道你当年多么另类吗？你坐在那里，学历比我们高很多，年龄比我们大很多，但你的问题却那么幼稚，我们都已经了解的常识你都不知道。”“是吗？我一点儿都没有察觉自己另类。那你们班上的人为什么没有嘲笑我呢？”我问。“因为有时你会问傻问题，但有时也会问很精彩的问题。我们一直学心理学，不会想到这样的角度，但因为你没有禁忌，所以反而会问出来。说实在的，我们也特佩服你的勇气，不是所有的人都敢表现自己的无知。”原来，这个后面还有这样一段故事。我只顾专注在学习的乐趣中，并没有察觉周围的环境会有这样微妙的变化。

后来读到《礼记》中的“善问者”一段：“善问者如攻坚木，先其易者，后其节目。及其久也，相说以解；不善问者反此。善待问者如撞钟，扣之以小者则小鸣，扣之以大者则大鸣，待其从容，然后尽其声；不善待问者反此。”心有戚戚焉。提问原是一门学问。善于提问者，其实是善于学习的人。后来，在我的课堂上，任何问题都是受欢迎的，而且我非常愿意把问题本身做升华，引导学生走向更深的地方。这和我本人傻问的经历有关。

用这样的方式和速度，我学习着心理学。越学习我越喜爱。我比任何人都珍惜自己的学习机遇。任何一堂课、任何一次讲座、任何一次讨论，都可以营养我。我还是会有很多薄弱之处，但我不掩饰它们，也不放过补足的机会。

傻傻地热爱，傻傻地坚持，傻傻地提问。这是我在转专业的过程中收获的三个法宝。如果我从本科起就学习心理学，恐怕收获没有现在大，因为那些热爱的魔力可能不存在。

傻傻地写

在学习心理学的过程中，我也在不断地找被试。我找到的第一个被试是女儿。那时她一岁多，虽然还不能很好地表达自己，但已经是个有独立意识的小精灵了。我为她的成长着迷，观察着她的一举一动，记录着我所看到的成长。有一天，我突然想：能否把心理学的知识和她的成长结合在一起？于是，我写下了生平第一篇投稿文章：《天底下最脏的人》。记录了她在学爬时对世界的探索。投给了《为了孩子》杂志。没多久，收到了一封信，来自这个杂志的编辑张湄。她不仅大力肯定了我的这篇文稿，“清新而自然，文采斐然”，还约我写更多的稿子。我至今记得她信上的那些笔迹很有特点，字体大大小小，胖鼓鼓的，却又透着知性。这封信点燃了我写作的欲望，至今被我珍藏。我开始傻傻地写，享受地写，开心地写。数百万文字就这样喷薄而出。在多年的写作中，和很多前来约稿的编辑成了好朋友，包括张湄，领我进门的编辑。

前年回家乡。无意当中，竟然翻出自己高中时的作文本。父母居然把这么多年的老古董保留着，可见他们对我是多么用心。小心翼翼地翻开都已经发黄的作文本，看着陌生而又有些熟悉的字迹，读着那一段段文字，我都不敢相信，那是当年的我写出来的文字！即使是当下，我写出来的文字未必比那时更有文采！可见，当年的我其实已有了写作的实力。当年的我是多么热爱写作啊！可能是从五年级开始，我就坚持写日记。少则每天一篇，多则每天数篇，什么都写，小脑袋瓜里存不住东西，只要想到了，一定要写出来才舒服。到高中毕业时，我的日记本也积累了满满一大箱。其实当年初中和高中的语文老师对我的作文评价都很高，只是他们和我从来都没有想到投稿出去发表。上了大学，除了日记，居然就没有怎么写其他的文字了。这也是一件很奇怪的事情。当时文学氛围之浓，每个人都是文学青年，大家背诵汪国真的诗、席慕蓉的诗、顾城的诗、舒婷的诗……班上有一两个才女，写出过很好的文字，我居然没有被感染和带动，也没有发挥出自己的潜力。为什么呢？可能我在那里没有感受到自由，那些柔软的感受没有被触发出来。倒是读研时开始写一些短的、小的文稿，发表在校报上，会有宿友、同学和我分享读后感。但真的只是火花闪几下，就没有后续了。

现在想来，命运是一件很奇特的事情，如果当年我真的投稿了，也会小小年纪就有发表经历，可能读大学时就会毫不犹豫地选择中文系。说不定就真的成了一名作家。说不定那些对写作的热爱会被中文系的正统教育扼杀了。不论怎样，我真的很幸运，在命运转角之处，我仍然能够和自己热爱的写作重逢，并且一直和它在一起。我不能想象自己会过没有写作的生活。

我写的都是自己经历过的事情，我只是傻傻地写，不娇柔，不修饰。所以一定会有真情实感。那些真实会打动读者。而那些写作，也会让我对生活和学习更多一些体验和敏锐。

我和学友们一起去听讲座。我听得特别带劲，于是想："把它写下来介绍给更多人不是也挺好吗？"要把它写出来，我必须了解更多，于是在现场我就成了提问最多的人。学友们也很纳闷："怎么同样听一场讲座，你回来就唰唰地写出一篇东西，而我们就写不出来？还有，你写的有些点，我们听的时候并没有抓住呢！"而我知道：一旦进入写作者的角色，我就会听得更专注，听得更深入。

生活，学习，写作，再学习，再体验生活，再写作，在我这里成了一个良性的循环。

热爱成就传说

"您会建议我转到哪个专业呢？"学生的提问把我拉回到现实中。

"转到你真正热爱的那个专业。"我的眼睛亮起来。我跟学生分享了这个故事。学生的眼睛也亮起来。

> 有时，人生的顺利会产生一种惰性，而人生的曲折会书写一段传说。傻傻地热爱，傻傻地坚持，傻傻地提问。这是我在那段传说中收获的三个法宝。

女博士身后的钟点工

那时我正读在职博士，女儿刚刚出生没有多久，所以是一边做本职工作，一边带女儿，同时还要读书。那种忙碌程度不用细述，只用一个细节就可以看出：当时很流行“你的睡眠饥渴程度”的小实验，就是有睡意时平躺在床边，靠近床边缘的那只手上拿一只金属勺子，地板上摆一只金属盘子。躺下时看一下表，睡着后人一放松，勺子会掉落，听到金属勺“咣”的一声掉到盘子里时再看一下表。间隔时间越短表明越需要睡眠。我做过几次这个实验，每次都是在一分钟左右，也就是说我躺下就会入睡，真的太缺觉了！

这么忙，自然要找钟点工帮忙。家里其实也没有断过钟点工。但没有遇到合意的，一点儿不省心。一同读书的一位女博士向我推荐了胡阿姨。第一次见胡阿姨时，根本没有感到她是后来跟我很有缘分的人：个子不高，在上海人中皮肤不算白，短发，圆润的脸。她是一个比较沉静的人，第一次见面也没有太多话。关于费用，我问她按市场价可不可以，她说了一句："我在其他家都比这个数字高，但没关系，我们可以从头开始。"后来我知道这是什么意思了：因为是我一次一次主动提出给她涨工资，而她是那个一个劲儿推辞的人。

基于之前用钟点工的经验，我对胡阿姨没有太高期望，只是告诉她帮我打扫卫生和洗衣服。我惊讶地发现，胡阿姨每次是跪在地上用抹布把地板一点一点擦干净的！我第一次知道旧房子的地板也可以这样锃亮！我有些过意不去，她说："宝宝动不动就坐在地上，一定要擦干净的。"我也第一次知道，宝宝那些看似再也洗不干净的衣服居然可以洗出本色。我观察过她洗衣服，其实和我用的洗衣粉和肥皂都一样，只是她无比耐心地一遍又一遍地搓洗、漂洗。

胡阿姨把家里每个角落都彻底收拾干净之后，衣服被彻底洗干净之后，每次做事就不用花那么多时间了。我从来不知道两个小时里面可以做那么多事情。胡阿姨跟我商量："要不，我帮你把菜买回来吧？你下午接了宝宝，她要玩一会儿才肯回家，你再去买菜、再回家烧饭，吃到嘴里，太晚了！我来你家的路上可以顺便买了菜，你可以早点吃上饭。"我求之不得地答应了。很快我发现胡阿姨买的菜又新鲜又便宜，比我买的更好，而且她会根据季节来选择时令菜。因为她会挑，因为她会用上海话和菜贩讨价还价。

胡阿姨是上海人，地地道道的上海人。以前是纺织厂的工人，后来上海产业结构调整，整个厂的工人都下岗了。她们可以拿到一笔钱，基本生活可以保障。以她的年龄和背景，很难再重新去公司里工作，但她不甘心一直在家里，所以决定出来做钟点工。厂里的姐妹都劝她不要做这种外地人做的事情，那个年头上海人做钟点工的真的很少，胡阿姨倒是一脸坦然："儿子还在上大学，我和老公必须要供他。用自己的双手挣钱，做什么都可以。"

胡阿姨来做之后，我整个人的状态都变得好起来了，因为她不光帮助我做家务，还替我操心。她是真的把我家当作她自己家。她会说："你们家碗和碟太少了，来个人就不够用了，我下次去超市时帮你买一套。"年前她会说："快过年了，家里要大扫除一下，还要把所有的被褥都拆洗一遍。"然后她会有计划地安排来做这一切。有一次我生病，人很难过，心情也不好，胡阿姨没有说什么，但她买来一只鸡炖了鸡汤给我喝。喝着香喷喷的鸡汤，我的眼泪掉下来，但整个人轻松很多。后来我把买鸡的钱给她，她死活不要，说是送给我补身子的。

胡阿姨做得很好，我又把她介绍给另外一个读博士的妈妈，她对胡阿姨也赞不绝口。有时我们几个忙起来，就会请胡阿姨去幼儿园接宝宝，于是就会出现这样的景观：胡阿姨左手牵一个，右手牵一个，左手那个孩子旁边还牵一个，像一串糖葫芦一样串回家。孩子们超级喜欢她，跟着她洋腔洋调地学说上海话。

有一次宝宝生病，我正在带学生实习，白天要带学生，无法带宝宝到医院吊水。看我心力交瘁，胡阿姨说："我带宝宝去医院吧！"回来后，她给我打电话："你放心，宝宝已吊好水了。

她非常乖，打针时也没有哭。医生和护士都夸她呢！”

后来有一个博士妈妈要到国外开会，她先生也要出差。两个人为孩子怎么办发愁了很久。后来是宝宝一句奶声奶气的话解了他们的愁：“我要跟胡阿姨！”他们跟胡阿姨商量。胡阿姨爽快地答应了。于是整整两个星期，这个小不点就住在了胡阿姨家，天天像个小尾巴一样跟着胡阿姨。胡阿姨每天变着花样给她做好吃的，还专门在周末带她去了游乐场。等她妈妈回来后，她问了妈妈一句话：“妈妈你什么时候还去外国开会啊？”妈妈说：“我不去了，我太想宝宝了！你是不是也很想我啊？！”谁知宝宝瘪了嘴说：“你去开会，我就可以再住到胡阿姨家啦！”弄得妈妈心里五味杂陈，赶紧自我检讨。

在博士毕业时，我特意请了胡阿姨一起拍照留念。不顾她的再三推辞，我坚持让她穿上博士服，我的手紧紧挽着胡阿姨，告诉她没有她的帮助，我很难在三年里拿到这个博士学位的，博士服她穿得当之无愧。透过我的眼泪，我看到胡阿姨也是泪光盈盈。她是真心为我高兴。

后来，由于搬家，我们离胡阿姨家都远了，无法请她做事了。只有一位博士妈妈坚持请胡阿姨，每个星期请胡阿姨坐了地铁，从浦西到浦东，路费和路上的时间都由这位博士妈妈承担成本，到她家里帮助做事。她说世界上她很难再遇到像胡阿姨这样让她放心和贴心的人了。

再后来，我接到一位博士妈妈的电话，说胡阿姨的先生得了癌症，我们相约去看他。

再后来，胡阿姨和儿子相依为命了。她年纪大了，也做不动钟点工了。好在儿子大学毕业了，顺利地找到工作。

有一次，胡阿姨打电话给我，说要来看我们，请我们吃饭。我很高兴，早早到小区门口去接她。等在那里一直没有看到人。等终于接到了我才知道，她想给我们买水果，但发现门口的水果太贵，就去了远一些的地方买。看着她的脸都被晒得红红的，身上全是汗，我真的好心疼。我们同意由她请我们吃饭，但塞给她一个红包，她却死活不收，硬要还给我们，说她不能收钱，因为我们对她太好了，如果收了钱，她会于心不安，会晚上睡不着觉的。看到胡阿姨的坚持，我们既感动又有些为难，相互望着，然后齐声问胡阿姨："你儿子什么时候结婚？"想在她儿子结婚时送一个大大的红包。

胡阿姨，一位平凡的上海人，用她的帮助温暖了我们最需要帮助的人生阶段。在这么多年的相处中，我已把胡阿姨当作自己家里的人。我有时觉得当年她其实是带着家长的责任，在照看我们这几位博士妈妈。尽管我们已经成人、正在读博士，可在她眼里，我们只是需要被照料和呵护的孩子，父母不在我们身边，她来照顾我们。她像家人一样为我们考虑。她可能不知道她对我们人生的意义，但我们知道。我们几位女博士的身后，都有她默默的支持。

一个老外成就的自信

20 多年前，我到上海读研究生。刚到上海时，体验到强烈的不适应，是那种从小地方到大地方的不适应。在学习上也有强烈的反差感：每个人懂得都比我多。大家在一起上课时，我感觉自己似乎不是一个研究生，而是一个小学生。这种感觉一直持续到我遇见第一个外国专家。

其实，这个老外本来和我也没有什么关系。当时，他是到学校里来访问的美国专家。那时候，对外交往还不多，所以这个老外来学校里还是非常重视的，连接待、交流的一些细节也在会议上讨论。我们这些研究生也被安排参加交流会议。那时在交流中有一个重要角色是翻译。研究所里有一个外语系毕业的博士生，他被指派做翻译。没曾想在美国专家到上海之前，这位师兄家里有急事，他紧急离开了上海。这下翻译就成了问题。根据考研时的英语分数，我和另外一个研究生被临时指派为翻译。

之前我从来没有当过翻译，不知道翻译具体要做一些什么，而且和外国人的接触很少，我运用英语的机会也非常有限，所以我其实根本不知道自己是否能做好这件事。好在初生牛犊不怕虎，所以我们也就懵懵懂懂地做了。

那一次的翻译并不仅局限于学术会议上，而且包括接待。接待的第一天是我们带着老外 Robin 去外地。见面后我就叽里咕噜说个不停，因为之前我跟导师说我担心做不好翻译，导师给我的建议就是“多说、多练”，我抓紧一切时间练习。Robin 回应着我，但显得有些没精神。我后来才知道：他还在倒时差。我们所有的人都没有接待外宾的经验，不知道在第一天不适合给长途旅行的人再安排到外地旅行。

这天傍晚回到 Robin 所在宾馆时已不早了，我们以为 Robin 会马上休息。但他留下了我们两位翻译，因为第二天他要做学术演讲了，他想确认我们都已经了解了他要讲的主要内容。我连连点头“Yes, yes”，我们在路上已经谈过了，我觉得自己已经知道了。“那你能把主要意思讲给我听一下吗？” Robin 和蔼可亲地说。我的脸马上皱成了苦瓜：我只在心里知道大概意思，哪里能用英文再说出来呢！ Robin 让我们坐下来，耐心地开始和我们沟通。他说一段英文，让我们再用自己的话复核给他听，确保我们理解了他的话。做完后我是连蹦带跳地离开了他住的宾馆：因为我听懂了他讲的每一句话！耶，我也可以和外国人自由沟通了！

第二天讲演的效果很好，我们的翻译也很流畅。结束后，老师们纷纷夸我们翻译做得好，同学们也对我们刮目相看。后来Robin在上海的几天都是我们两位翻译全程陪同的，连续沟通下来，对自己的英语开始有信心起来。那几天耳朵里听到的上海话也会被自动转换成英文。

这以后，其他系有一些外事活动也会拉我去做翻译。我对自己的其他方面也有了信心，整体朝良性方向发展。

后来我写信给Robin，感谢他让一个自卑的女生拥有了自信。他回信说："我不觉得是我成就了你的信心。你的英文本来就很好，我所做的只是让我的英文和你的中文磨合得更好。"我开始问自己：我的英文真的很好吗？

我不确定。我只能很肯定地说：读本科时我最喜欢的课就是英文课。是那种发自内心的喜欢。每学期领到英文书，我都会先读一遍。不论是精读还是泛读，我都会很享受地读。遇到自己喜欢的文章，我会反复读，就像把一枚橄榄放在嘴里慢慢咀嚼、品尝。我还会把自己喜欢的文章翻译成中文，自己把玩，也分享给同学看。我还会把这些中文再翻译回英文，对照课本，看看我的翻译和原文有什么不同，有时原文中的一些精妙之处让我很有触动。没有任何人要求我这样做，也没有任何人教我这样做，我只是享受这样做。那时我能够读到的好书不多，英文课文有时会打开另外一扇窗，让我去思考很多超越语言的东西。书中的课文大多是节选的，我常常在想那一整篇文章会说什么，那一整本书会传递什么。

这种热爱和机会相遇时带来的结果，是我没有料想到的。从来没有预设过这种非专业能力的提升，会让我在专业的道路上走得更远。

环保达人老爸老妈

很多年没有在父母家过过年了。终于下定决心、排除万难，回到北方和父母一起过大年。在家不过数日，最有感触的是父母的环保行动。父母住在偏远的小镇，很多先进的环保理念根本没有在那里普及，但父母却实践着非常环保的行动，比我在德国生活时看到的以环保著称的德国人还环保。

老爸老妈住的是带院的平房。有自来水，但却没有水表，不管用多少，一个月扣两元钱。很多人因此用水大手大脚，但老爸老妈却是把洗完脸和脚的废水装在桶里，用来洗抹布、拖地。“不是钱的事儿，没必要浪费。”他们说。淘米水有个专门的盆子装起来，要沤一下后浇花。“要有点酸味花才爱喝。”老爸说。尽管室外零下 30 度，但屋内窗台上的六盆花儿却青枝绿叶，有两盆还开出花来。

在小镇上，所有垃圾不仅没有分类，而且没有回收。我看到垃圾的处理方式是：所有人把垃圾扔在一个简易垃圾池中。每隔三天会有一个保洁工人来焚烧垃圾，浓烟四起，而且臭不可闻。爸妈却极少往这个垃圾池中扔东西。他们是怎么做到的？一是他们对物质整体的消耗量少。在城市里，一个家总会扔各种东西：菜做多了会剩，剩饭剩菜要倒掉；买的东西多了吃不掉要扔；买了不必要的东西要扔……而爸妈极少倒剩菜剩饭，他们买东西时按需采购，每次采购前都会想家里还有什么。偶尔有剩下的饭菜，爸妈总会在第二顿吃掉。但吃饭总归会有一些剩余物啊，好，鸡蛋壳、鱼骨头用一个纸盒装起来，在暖气片上烤干后可以碾碎了喂鸡；其他的骨头用一个纸盒装起来，喂猫。有一次，我有小半碗米饭剩下了，料想父母不会倒掉，第二天想热来吃，却看到妈妈已经把它倒在纸盒里、放在暖气片上，说是烤干了夏天喂鸡——冬天室外实在太冷，就没有养鸡。还有一天，妈妈看到门口不知谁掉了两个馍馍，也把它们捡回来切片后烤在暖气片上，说是来年喂鸡。其他的东西，父母也是按需采购，经历过贫困和物资严重匮乏的他们，对外在的物质需求非常低。一件东西到了他们手里总可以使用很久，因为他们很爱惜。家里随便一件什么东西，说起来可能都有十几年或几十年了。只要不坏，他们就一直用。

吃橘子剥下的皮，妈妈也会烤干后装起来，煮肉时、熬汤时放一些，有时胃不舒服了就煮点水喝，顺气效果特别好，还有就是冬天熏腊肉时当燃料，熏出来的肉非常香；削下的苹果皮、果核、菜叶等，老爸老妈会把它们埋在院子里的葡萄树下——冬天所有葡萄藤也都被埋在土里呼呼大睡，每年秋天葡萄结满了架，和老爸老妈的辛勤呵护分不开；瓜子壳、花生壳和纸，通常放在一个单独的垃圾桶里，老爸老妈做饭时就烧掉。尽管家里用上了煤气灶，但老爸老妈一直还保留着一个土灶，偶尔用一下，目的就是把这些垃圾转化为燃料。

在上海时，只要一买吃的，就有很多包装袋，会产生很多垃圾。老爸老妈却没有这么多包装袋垃圾：他们自己拿上瓶子或锅去买新鲜牛奶，烧开了就喝，而且自己做酸奶。这样不会有奶制品的包装垃圾。他们自己做的东西还多着呢：酒酿自己做，葡萄汁自己酿，梅干菜自己晒，香肠自己灌，酸菜自己腌。我刚到家时，安静时总会不时听到“濮”的声音。开始我还以为是水管的声音，后来妈妈说是酸菜坛里的水在冒泡。他们随手丢进坛子里辣椒、老姜、卷心菜，每隔几天搅一次，随手捞起一块酸菜切切用来炒肉、炒鸡杂，去腥提味，菜还没有上桌，就满屋飘香。

老爸老妈还自制了很多健康零食：秋天时他们把甜萝卜切片晒干，冬天时拿出来吃，又韧又甜，全天然，没有任何添加剂；他们自己种了做爆米花的玉米，闲时抓一把放进锅里，不一会儿就噼里啪啦全爆开，让人听着声儿就特别有食欲。他们还种了几棵南瓜，结了好多大南瓜。比起吃南瓜，老爸老妈更爱吃南瓜籽，所以把一个又一个大南瓜送给左邻右舍时，妈妈总要问一句：“你们吃不吃南瓜籽？”如果有人家不吃，妈妈就会让他们把南瓜籽留下。我抓起几粒扔进嘴里，虽然它们个头很小，还是生的，但非常饱满，吃起来有天然的香味。

我吃着家里的鸡蛋非常好吃，蛋白很筋道，蛋黄有入口即化的感觉，问老爸老妈有什么奥秘，老爸说这是老妈养的鸡下的蛋，老妈不仅每天把鸡笼打扫得干干净净，鱼骨、玉米、青草伺候着，还每天出去牧鸡，带着鸡到树林里去散步。母鸡们会在绿化带里撒欢，不时在土里扑腾一下翅膀，不时为吃到一只虫子欢欣鼓舞，“如果我离开了，母鸡们就会很紧张，啄两下就会抬起头看看四周是否有危险，所以我通常都会在它们旁边守着。”老妈说。老妈养鸡那种细致和关爱，一定是让鸡很感动，于是它们就下很好吃的蛋。不仅下的蛋质量很好，而且有的鸡一天下两只蛋。妈妈养了五只鸡，但每天可以捡到六只蛋。谁应该获得杰出贡献奖？直到天冷上冻宰鸡时，才发现有一只特别瘦的鸡是模范员工，因为它的肚子里有两只成形的蛋。

老爸老妈不仅过的是环保的生活，而且是健康的生活。他们每天早上起来第一件事情是先喝一杯水，洗漱后锻炼身体，只不过妈妈练的是动功，噼里啪啦从头到脚把身上拍打一遍、活动一遍，而爸爸则安静地在那里从头到脚按摩一遍穴位。每天上午他们都把一天的生活安排好，需要买菜或出门就去做。午饭后要小睡三四十分钟。睡觉起来后通常是他们的看书、学习时间。尽管他们看书一定要戴老花镜了，但他们还是每天会看一会儿书。妈妈有一个摘抄本，看到有比较好的观点，就会摘抄下来。有时候，妈妈还会抄一些她觉得很有道理的话，送给她的闺蜜们。晚上他们固定看的节目是《天气预报》和《国学堂》，前者让他们知道自己所在地区的气温，还有儿女们所在城市的气温。老爸常看的频道是中央四台。虽然地处偏僻小镇，但老爸对国内外大事的了解比我还清楚，典型的胸怀世界。

在家的每一分钟我都会感受到幸福，老爸老妈也是。我不知道自己从什么时候改变了对老爸老妈的态度，以前我看他们这样的做法，会觉得他们吝啬、土气，现在，我觉得他们这样的做法是健康、环保、生态。以前，我回去总是试图劝他们改变生活习惯和一些做法，这次我没有任何劝诫，反而不停地学习着，想把他们这些好的做法带走。一方面这是我个人的成长、对父母更深的接纳，另一方面，我感念这个大时代终于转到了环保这一轮，让老爸老妈这么多年来一直保持的生活习惯被社会重新认可和崇尚，也让我重新认识老爸老妈的做法。他们不是因为社会提倡才这样做，这些本来就在他们的血液中。

后记

这篇文章写完后四年，父母搬进了楼房里，有些环保的方法已经不能用了，比如说喂鸡、熏香肠。但他们仍然坚持着环保生活。没有鸡了，妈妈仍然把鱼骨头、肉骨头收集起来，给小区里的流浪猫和流浪狗吃。洗衣机里的水不是直接流进下水道，而是被他们接进桶里，用来冲马桶。和整个世界和谐共生，这一点在他们的骨子里。他们不追求时尚，却成了环保达人。他们不会因为物质发达而消耗更多的东西，他们对这个世界的需求很少，却带给这个世界满满的爱。

老爸和电脑斗智斗勇

电脑跟老爸是两个时代的。他出生于20世纪30年代，远比电脑诞生的年龄大，但他一直保持着一颗开放的心，愿意跟它亲密接触。四年前，我给老爸买了一台电脑。

买回电脑的第一天，老爸像拿到一个新玩具那么开心。他小心翼翼地用手指触摸电脑。第一件事情是教他插上所有的插头，开机。他盯着开机键看了半天："这么小一个按钮一动，机器就嗡嗡地转起来。这个机器做得真好啊！"

我教老爸的第二件事情是打字。这是他在买电脑之前最大的顾虑，我想让他了解打字是一件多么容易的事情。但老爸成功地让我知道：打字对他来说是一件多么不容易的事情。首先屏幕上的字对他来说太小了，要想看清那些操作功能，他仅仅眯缝着眼睛是不够的，他把老花镜戴上细细地找，仍然很费劲。我找到了把窗口所有字体放大的功能，把字体放大，但即使放到最大对他来说仍然太小了。其次是鼠标。老爸像个怯生生的小学生，不敢大张旗鼓地动鼠标。对他来说把鼠标移动到相应的位置上，已经是一件力气活儿了。他会不停地说："怎么不听话呢？怎么不听话呢？"他不时地拽一下鼠标线，嫌线太短，但其实光标的移动压根和鼠标线的长短没有关系。有时候，明明看到他已经到那个位置附近了，但怎么都点不中。有时为了点中一个功能，他费劲得汗都出来了。然后关于左键和右健、单击和双击的问题，又开始折磨我们两个人。有一阵，老爸已经分不清左键和右键，干脆什么都不做，瞅着电脑发呆。双击被老爸创意地分解为"第一下""第二下"，嘴里念念有辞，当然，这样双击后没有任何变化。然后，老人家不断地总结经验，"哦，原来是要连续双击。""哦，原来是要快速连续双击，慢一点儿它就不认。"接下来，老爸的问题我无法回答："什么时候双击？什么时候单击？"因为我都是随意的，如果单击不管用就双击，总归点中了就可以。"击左键和右键有什么规律？"没有规律，我从来都是乱点的。明明看到他按照标准动作操作了，但真的只是虚晃一枪，什么都没有发生。但我去动一下，就会一切走上正轨。老爸一边仔细地观察我操作，一边感叹："为什么电脑就听你的呢？为什么它不听我的呢？我也是这样做的呀！它还是有点歧视老年人。"

我没有想到光是用鼠标就有这么长的一个过程。接下来该教打字了。我选择了拼音输入法。他其实想学五笔输入，因为他说自己读书时没有学过拼音，拼音输入有困难，但我觉得背五笔的字根对他来说才是真正的挑战，不知要练习打多少字才能熟练。我同时也准备了手写板，但我觉得一些智能拼音输入已经把打字变得轻松多了，所以还是建议他先学习拼音的词组输入。困难是非常多的，字母他需要一个一个地找，好不容易找到了，输入后却没有出现他想要的那个字，原来，卷舌和不卷舌他分不清，还有一些发音他分不清，如 f 和 h……他的解决之道是查字典。于是一本字典放在了边上。字典上的字也很小，他要花很长时间才能查到一个字的发音。打字变得很慢。即使他输入正确，他也很慢，因为接下来要按选择字的数字键、按翻页和退页的加减键，每按一下键之前，他都会迟疑很久，眯缝着眼睛看好久，反复确认后才按下。我本来给自己设定的教课原则是动口不动手，但看他的犹豫劲儿，实在受不了啦。我在键盘上噼里啪啦乱按一通，跳出来很多字，我告诉他："键盘和字都是按不坏的，你完全可以放心大胆地按，不用那么小心翼翼。"他点点头，终于打出了第一个词组，是他的名字。然后打出了妈妈的名字，后面他花了半个小时打出了几个字："她是家里的女主人。"我觉得他真了不起。后来我把文档调出来给妈妈看，妈妈乐得嘴都合不拢了。爸爸刚开始学电脑，就开始表达自己了。我在想有可能这是一个特别的礼物，有可能过几年他会用这台电脑写出自传来。他有太多的东西在头脑里、在心里。电脑可以让他表达自己。

再接下来就是教老爸上网。这些只是点点鼠标，要比打字更容易。但经常听到他嘟囔："咦，怎么什么都没有了？"于是告诉他不同窗口之间的关系，带他找回正在看的窗口。有时，他半天打不开网页，我问："你开机后有点宽带连接吗？"他说点过了。

我检查一下，他没有联上网。我问他怎么点的，他演示给我看，把鼠标移到宽带连接的图标上，然后就看着我。“你要点开让它连接啊！”“可是你说只是点一下啊，没有说是双击还是单击啊！”我服输，重新教他。他说：“机器和人就是不一样，如果是人，少点一下两下也没有什么关系，少点了说不定会更高兴，但是机器就不行了，你少点了一下，它坚决不肯干，我刚才和它低声商量过了，它也没有任何反应。”我从来不知道，老爸这样可爱！

我们一起在网上看科幻电影，他不停地赞叹：“色彩真好！拍得这么漂亮！”看完后他问我：“我们能在网上看电影的原理是什么？”“可能像在仓库里放了一部电影拷贝，谁要看谁就点开。”“可是，很多人都要看，而且每个人看的进度不同，那是不是要准备很多部拷贝呢？”我回答不上来。老爸问：“网上会有多少网站呢？”我说很多很多。他再问我什么是网站，网站是怎么建起来的，我又回答不上来。我觉得自己是个不称职的电脑老师，但我告诉他所有这些答案可以在网上找。

再接下来是视频聊天。远在外地的妹妹按约好的时间上网，让爸爸、妈妈和她视频。爸妈看到影像，很是新奇。我教老爸用各种表情符号来表达自己，他觉得这比打字方便。但他在选择表情时的认真劲儿，让我觉得他是在替地球人做生死存亡的重大决定，严肃而认真，仔细地看过每一个表情后，茫然地问：“选哪一个好呢？”急得我随手按了一个表情发过去，爸爸不满意：“哎呀，怎么是一个露牙的表情呢？这怎么能代表我的情绪呢？”谁在意这个呢，大家都在哈哈大笑。妹妹贴心地把文字调到 22 号字体，方便他们看。

我还教爸爸把他数码相机中的照片导进电脑里。他不相信那些照片已经在电脑里，所以不肯在相机中删除照片。反复演示后，他相信了。他打开自己拍的照片，一张一张耐心地放大——每放大一张他都要瞄准半天，一张一张仔细地看，不时评判："这一张照得还不错""这一张，人太小了"，陶醉其中。妈妈是照片中的模特，在一旁看得乐呵呵的。

我还向老爸演示了网上银行的操作，他看得非常惊奇。哪一天、几点几分进进出出的钱、每一笔的数字是多少，在网上都看得清清楚楚。他激动地和妈妈分享这些信息。我建议他在网上操作定期存款，他说："哎，那不行。如果我手上没有存单，万一我操作失误，找不着那笔钱了，不就完了。"我向他解释各种可能性和风险防范措施，他只是摇头："我不是信不过银行，我是信不过自己。"

过了两年，他终于开始操作网上银行，并开始在网上做理财，每天都会关注一下红利，天天都高高兴兴的。而且他拥有一双火眼金睛。有一天，我给他推荐一款网上理财产品，宣传上说活期的、低额的存款回报率有 8%~9%。老爸仔细算了一遍，告诉我其实它是用了模糊概念，真正的回报率只有 3%~4%。我不太相信，老爸算给我看，一步一步非常清晰。我信服了。我不愿花时间去验证这些信息，所以会选择相信，老爸却并不盲从。即使在网络的世界里，他仍有颗清醒的心。

再接下来再教老爸时，我采取了一个策略：不再一动不动地坐在他旁边，而是我也做自己的事情，然后隔几分钟去看一下他，帮助他解决问题，但给他足够的空间自己摸索。对他来说，把自己用的输入法调出来就存在很大的挑战。有一次，他奋斗了很久，都没有办法把拼音输入法调出来，一直在用英文输入。有时，他找一个标点符号就会找很久。但由于他可以控制自己的节奏，所以不用再出那么多汗了。我无意当中发现，他在草稿纸上写了很多拼音字母，原来，他在自学拼音。他还找来了两本电脑书，说要“系统地”学习。我知道自己教得很不系统，建议他跟网上的教程学习，被他拒绝。他更希望能按自己可以掌控的方式学习。

有一次接朋友的电话时，我正在费劲地教老爸学电脑。随口说起，朋友羡慕无比地说：“多好啊！你爸爸愿意学。我爸爸根本不给我这样的机会，电脑买了两年，他根本不碰，每天只是盯着电视看，我非常担心，担心他会得老年痴呆。”我的心中一动：原来，能教老爸学电脑，也是一种幸福。不论年纪多大，老爸都充满一颗好奇的心、愿意学习的心，也有毅力、有方法地去学习。能有这样一位老爸，能不骄傲吗？

现在，电脑已是老爸生活中的一部分。每天他都要打开电脑，可能会上网看看新闻、看看最新的视频，查一些他需要的信息。每周我们会在网上视频聊天。电脑让他生活的世界变大了，他不仅知道自己身边的事情，而且知道世界各国发生了什么。他很享受这样的感觉。他和整个社会的距离更近，他和我的距离也更近了。我很庆幸四年前我做了买电脑的决定，而且老爸也愿意学习使用电脑。和整个社会同步，让他更年轻。

旅途中一杯水的温度

常会想起我在旅途中一些温暖的片断和镜头。和这些人的相遇，让我很少拒绝别人的求助，还常常主动为别人提供帮助。

一杯水的温度

在德国期间，在餐厅吃饭时，颇让我费神的一件事情是怎么跟服务员说清楚我要白开水。中国人的胃，无法消受餐厅提供的冰水，而且我也不喝其他饮料。有时费很多口舌，对方点点头，我以为他们已经清楚我的要求了，但端上来的可能是一杯温吞水——我后来知道餐厅是把冰水放在微波炉里加热的；或是一杯茶——在他们的理解中，茶和开水应该就是天然在一起；最哭笑不得的一次是很烫的水里漂浮着冰块——他们实在是被我这个要求弄糊涂了，只好按自己的理解给我端来“很烫的冰水”。

在遇到各种状况后，有一次我在一家餐厅顺利地喝到一杯“正宗”的白开水时，真是很开心。我好好感谢了那个服务员，一位老先生。

隔了很久，我偶尔又去了那家餐厅，还在和朋友聊天，一杯冒着热气的白开水就送到了我手边。我惊讶不已，朋友羡慕不已，以为我是餐厅的 VIP，抬头看时，那位侍者对我微微一笑。那一顿饭，让我感到温暖无比。我不知道那位侍者是记住了所有来店里的客人，还是记住了有特殊要求的我，但他确实给就餐的客人带来了温暖。那杯水的温度是永恒的温暖。

一张手画地图的距离

那时和女儿在北欧旅行，一人一个背包，是典型的背包族。有一天晚上十一点多才到一个陌生的城市，照着手里的地图走，按道理早就应该到了，但却怎么也找不到预订的住地。我无法理解这样的怪事，但当务之急是赶紧找到目的地。路上看不到什么人。好不容易看到前面来了一对母子，我赶紧上前去问。那个当妈妈的也没有听说过我们要去的地方，我有些着急了，不知自己离目的地到底还有多远。因为路灯的光线暗，那位妈妈把我的地图和订单都贴到眼睛上去看了，我觉得很不好意思，就谢谢她，准备再往前走。她却说：“不行，你带着孩子，又是在陌生的城市，我一定要帮你。”她对着自己的儿子嘱咐了几句，拿着地图和订单去敲旁边人家的门。有人来应门，她和那人用当地语言交谈起来，最后他们又走进屋内，过了一会儿出来，告诉我住地就在前面不远处，递给我一张手画的地图，我们要走的每一条街道名字全在上面。她已经打过电话给旅馆了。

我们后来顺利到达旅馆，没有大半夜仍然游荡在街道上。直到第二天我才知道我手里的地图哪里出错了：它不像常规的地图一样上北下南，而是右斜45度是正北！如果不是遇到那位妈妈，估计我们还要继续兜圈子。那张手画的地图，丈量出世界上最短的距离，那是对陌生人的关爱和呵护。

一碗白粥的份量

很多年前还在读研究生时的一个暑假，曾有一次乘坐火车顺着兰新线西行。火车走到一处时，突然停了下来，一停就是几十个小时。然后是火车停电、停水。慢慢地，乘客们知道发生了什么：洪水冲垮了铁路路基，工人正在抢修，要等抢修好了，我们的火车才能继续开。没有人给出一个明确的时间表。我们停的地方前不着村后不着店。车上乘客把包里所有能吃的、能喝的东西都拿出来，车厢里的人分着一起吃、一起喝。可能是因为年轻，开始时我没有感觉到特别的不安，白天甚至会到野外去散步，觉得风清云淡，在戈壁滩上躺着也很舒服，只是不敢走太远，怕火车突然开走。随着吃的东西越来越少，空气越来越污浊，各种传言四起，大家的心情越来越糟糕，最担心的是火车上的通信设备坏了，我们被这个世界遗忘了，被铁路局的人、被我们的亲人们遗忘了——那时还没有手机，也没有网络，我们也无法得知外界的消息。列车员们并不比我们多了解多少，即使了解了，也有纪律，不能告诉我们。大家的情绪变得焦虑、烦躁和不安，我的心情也变得灰暗。

终于有一天，在大家的一片欢呼声中，火车缓缓地向前开，开得非常慢，像个新生儿在学走路——后来听说这是刚刚铺好的路基，需要小心开。开了一阵，火车又停了。好在这次是停在一个有人烟的地方，是一个小得没有名字的站，只有一排平房孤零零地立在戈壁滩上。但这里对我们来说已经是天堂了，因为有水，也有人烟。大家冲过去喝水、洗脸。我慢慢地走到最远处的房子，好奇地东张西望。一个扳道工出现了，看样子也是刚刚下班回来。他脱下工作服，洗了把脸，问我是不是那趟火车上的人。我说是的。他说："遭罪了吧？我们听说都停了好几天了。我们这里也临时调过来好多人在抢修呢！"他进了屋，转身又出来，端了一个大碗，里面是白粥，递给我："喝一点吧！天热，我们上班前就熬起的，现在应该熬好了。"我一时有些惊讶，没想到会有人请我喝粥。他见我不动，又进屋，过了一下又出来，小心翼翼地把手里抓的一把白糖撒进我碗里："我们这里没什么菜，白糖放在粥里是解暑的，你将就喝吧！"我被这突然的、巨大的善意感动，口舌笨拙，不知该说什么。低头喝一口粥，香甜、糯滑，滋润到心底。一碗粥快喝完了，扳道工又递过来半个馒头，让我慢慢吃。我再三感谢，他却连连说不用，赶上吃饭谁来都给吃。和他聊起来，才知道这是新疆地界里的一个小站。这个小站太小了，平时没有车会停，他们主要做铁路的养护。他们隔一段时间会回局里取一次信、补充一次给养。这些天忙着抢修，顾不上回去补充给养，所以没有菜吃。这里难得来一个人，只有几个工人住在这里。每次来人都是出大事的时候。我听到房间里有歌声飘出来，就问他是不是正在看电视，他笑笑："这里没有信号，看不成电视。那是收录机在放磁带。下班回来听会儿磁带，是我们最放松的时候。"我听了心里很震动：我仅仅在戈壁滩上待了几十个小时就觉得受不了，但他们要在这里待很多年！

火车终于再次开动，我离开了这个没有名字的小站。那碗白粥不仅让我空了很久的胃被填饱，而且让我所有低落和灰暗的情绪一扫而光。那碗神奇的白粥，让我知道有人会呵护我，也让我知道我们没有被遗忘，即使我们不知道，即使我们不认识他们，仍然有人在帮助我们。只要有路的地方，旅人就是被呵护、被祝福的，因为，那些开辟道路的人、走过道路的人已经把自己的努力洒在路上。

保护自己不受打扰的时空

“要深呼吸，体会每一次呼吸时身体的变化。吸气时把右腿举得更高，呼气时左脚要更用力地踩地……”安静的教室里只有瑜伽教练的声音，我正全心全意地体会着身体的感受，做平衡动作时需要精力格外集中。

“快接电话！快接电话！”一个声音突然响了起来，只听噼里啪啦，好几个人的腿都掉了下来，包括我的。原来是一个学员的手机响了起来。她似乎没有发现手机铃声打扰到大家，慢条斯理地放下右腿，不慌不忙地接起电话，全体学员和教练被迫一同听她的电话：“我在练瑜伽呢！正在做平衡动作呢！可难了，就像你在电视里看到的那样，回来我做给你看。”教练咳嗽一声，示意大家把注意力转移回来，接着开始往下带动作，可整个气场已经不一样了，从一上课时教练就一直在营造的那种安静专注，已经被这个电话打断了。我的脑子开始开小差：她会是跟谁在通话呢？是男朋友吗？她难道不知道进课堂必须手机静音吗？就算她不知道接电话会影响别人，她难道不知道练瑜伽需要专心，接电话对她自己不好吗？还有，做有些动作时，分心很容易造成受伤，她有没有想到呢？直到教练走过来纠正我的动作，我才知道自己分神太久了。平时很专注的我，被这个电话扰动了。

上完课，我实在忍不住，就和这个女孩聊了几句，问起她接电话的事情，问她是不是有紧急事情要处理，所以手机没有静音。她瞪大眼睛看着我："没有紧急事情啊！我的手机24小时开着，很少静音。"我说："可是这里有规定，上课时手机必须静音。""我知道的，我试过，但是静音后我根本没有办法专心练习，过一小会儿就要看手机，怕错过电话。"原来是这样。"错过电话会怎样呢？"我多问了一句。"其实没怎样，我只要回过去就可以，但我心里就是放不下。"她一脸的真诚。我心里叹口气，背起瑜伽垫离开了。听上去她对手机的依赖已经很深，岂是我这个瑜伽学员所能影响的。

我完全不能理解她和她这样的学员。她这样的学员有一批。她们的手机就放在垫子旁边或者垫子上，利用每一次调整呼吸的机会打开手机看几眼。我还见过一个学员一边把身体伏在腿上一边打电话，低低浅语，不时笑一下，看上去锻炼和沟通两不误。真的是这样吗？我不确信。如果心有旁骛，怎能关注自己的呼吸和感受？

还有一个学员会一边接电话一边出教室："你放学回家了？

吃过东西没有？”还有一个学员也会自觉地出教室打电话，但就在门边，所以听得到她在处理公司的事情。时间长了，发现她俩一直如此。熟悉之后，也和她们聊天。

我问那个妈妈是不是每次要照顾孩子，妈妈无奈地一笑：“可不是嘛！其实爷爷奶奶都在家，我也把一切都安排好了，可小家伙每天一到家就拎起电话给我拨。”“你不能告诉他你在练瑜伽，在练瑜伽这段时间你无法接电话吗？”我问。“说过啊！可是这个小屁孩子打不通我的电话，就会打他爸电话。他爸接到这样的电话就会火冒三丈，说他工作被打扰，回家准得和我吵，说我不管孩子。我可不想天天吵架，就只好接电话。我也知道练瑜伽出去接电话每次都会破功，回来时也跟不上动作了，但怎么办呢？”她脸上又是那种无奈的表情。“为什么你先生不能被打扰而你就可以被打扰？你不能和孩子或先生好好沟通一下吗？”“他们都觉得我只是在练瑜伽，打我电话我就得接电话，哪一个都说不通。”无法再说下去了，这个妈妈已经太为难了。

我后来在想：为什么她先生认定她必须接电话？其实她先生自己是不愿意受打扰的，但并不认可她有不被打扰的权利。孩子本来是什么都不懂，但既然爸爸支持自己，当然也会乐得胁迫妈妈。孩子会不会养成一个习惯，将来任何时候也允许自己被打扰？不论做什么都必须把手机带在身边？爸爸妈妈有想过这一点吗？

和那位在公司工作的学员聊过。知道她是做财务的。“你好像很忙啊！练瑜伽也要被打扰。”“其实上班时倒也不怎么忙。只是老板喜欢在我们下班后打电话说工作上的事情。”“既然上班不忙，为什么不在上班时处理掉呢？”我好奇地问。“老板白天忙应酬呗！我们下班了他才开始处理公司内部事务，所以我们都习惯了。”“那索性加班，在公司处理完再走。”“谁给你发加班工资？”她问。“啊？！老板这不是剥削你们吗？”她耸耸肩，“只能听老板的。他还规定电话响铃三声之内必须接，否则他抓住一次罚款一次。”“真的罚还只是吓唬大家的？”“当然是真罚了，老板最火有人不接他电话了。因为瑜伽课规定手机静音，我把手机调到震动，时时关注，结果有一次还是漏接了他的电话，结果我那次瑜伽课就变得非常昂贵了。所以现在只能扰民了。”“那老板有自己的个人时间吗？”“他是个工作狂人。最好我们24小时都工作他最高兴。”“那他家人怎么受得了？”“他已经被老婆从家里彻底赶出来了。老婆不要他了，他就更拼命工作了。”她长长地叹口气。

和她相比，我能够不受打扰地练瑜伽真的是一种幸福了。其实她的老板已经尝到了工作和生活不平衡带来的苦果，但他仍然执迷不悟，仍然“残害”他的员工。不过，也许就是因为失去了家庭，他需要在工作中找到补偿，所以会变本加厉地投入工作。如果这是他个人的行为，无可厚非，但他为什么一定强迫员工和他一样呢？他为什么认为他有权力在私人时间频繁打扰他的员工呢？如果员工反抗他的做法，很有可能需要离开公司。他这样做，他自己付出的代价会是什么？

在瑜伽课堂上的这些情况，看上去我是被学员们的手机打扰了，其实是被那些使用手机的人打扰了。那些打她们手机的人本来和我没有任何关系，但由于他们的手机在我们共同练习瑜伽的教室里被接通，我在某种意义上是被打她们电话的人干扰了。打电话和接电话的人就用这种方式把他们的生活方式和理念强加给我。我发现，让自己拥有一个不受打扰的时空在中国变成了一种奢望。在练习瑜伽时如此，在学校教室里如此，在办公室里如此，在餐厅里如此，在地铁上如此，在电梯里如此，甚至在家里也是如此：快递随时可能按门铃；家里电话随时可能响起来；抄煤气的会来敲门……

这些年学习心理学，我重要的一个体会是：拥有一个只属于自己的时空对心理保健是非常重要的。不论多么忙碌，都应该有属于自己的时空，和自己的内心对话。可我发现，不受打扰的时空不再像以前那样自然地存在了。它成为我需要去争取、去保护、去创造，甚至去保卫的一件事情。这种保卫显得有些不合时宜，显得有些落伍，可我知道，它很重要。

一位在日本旅居 10 多年的朋友回国。在地铁上接电话时，他声音很低，手捂着嘴，眼睛还打量着四周，身体还做鞠躬状。我在一旁看得莫名其妙，要不是我了解他，准以为他在进行间谍活动。他解释说：“在日本的地铁上很少有人打电话。即使有人打给了我，我也只能解释我在地铁上，然后就挂掉电话，回头回电给对方。这样做的时候还要向周围人表示歉意。我刚开始去不知道，在地铁上接电话，我觉得我的声音已经放低了，但还是被人骂了。”“为什么地铁上不能接电话？”“因为那是公共空间，是每个人的空间，而接电话是私人的事情，不能放在公共空间去影响别人。”

我需要保卫它。

『我没有撞人』

“老师，我身体不舒服……不能来了……抱歉没有早点给你打电话。”学生筱歆约好了来找我谈作业，但却迟迟不见踪影。这不，过了半个小时我才接到她的电话。

但我顾不上埋怨她，因为她有气无力，我只剩下担心，确认她是否需要上医院。她不需要。我没有多想，以为她是单纯的身体不舒服。但几个小时以后，筱歆出现在我的办公室：“老师，我想想还是来找你说一说，否则我真的是太难过了，心里很憋屈，我都快透不过气来了。”筱歆面色苍白，眼神飘忽。

“发生了什么事？”

“我……目睹了一起车祸。”哦，原来是受了刺激。“不，不，其实没有车祸，只是可能的车祸。”筱歆赶紧又摇头否定自己。

“能具体说一下吗？”

筱歆有一段时间的沉默，不知是在想怎么说，还是沉浸在自己的回忆中。我等待着。

“我今天骑车从外面回来，经过一个路口，很远就看到一个老人在穿马路。老人家可能有一条腿使不上力，所以是有点跛着走、斜侧着身子在走。远处来了一辆车，看到老人的情况，车速就慢了下来，但老人很慌，他开始跑，其实跑不动，看上去就像跳着走，跑了几步后一下子摔倒了……”筱歆的声调低下来。慢慢地，她又说：“我当时想可以停好自行车，去马路中间帮助老人把一只鞋子捡回来。老人跑得太急，一只鞋子落在了马路中间……当时我正在犹豫是否要去帮老人，和我站在一起等绿灯的、一个抱孩子的人对我说了一句话，开始她用上海话说的，我没有听懂，后来她用普通话说，我才听懂。她说‘你快走’。”“她让你快走。为什么呢？”我没有反应过来。“当时，那个老人是摔在我的自行车面前的。离我的自行车前轮很近。我说：‘不是我撞的！’她说：‘我看到的，我知道的，所以我让你快走。’”

“那你的反应是……”

“我骑上车就走了……但我脑子里一直回想的一句话是‘我没有撞人！我没有撞人！’”她的眼泪在眼眶里打转。“可是我又问自己，没有撞人我为什么要逃走？！我一路神情恍惚，连走到哪里了都不知道，骑车骑了一会儿才发现我已经骑过了学校，又拐回来。”我有点担心，因为上海的马路路况非常复杂，她如果不专注，是很容易出事的。“是的，我觉得我的状态没法和您谈作业了，我就回了宿舍。回去后全身发抖、脚发软。我想到了彭宇案，不就是因为好心扶了一下人就要赔那么多钱吗？我可赔不出来。而且我不敢出门，我觉得一下楼就会有人来抓我，说我撞了老人就逃逸了。”

我开始感觉到这件事的严重性了。遇到紧急事件后有一时的惊慌失措是正常的，但如果害怕到自己会被抓走，听上去已不是一般人的反应。“你在宿舍休息了一会儿之后，感觉好一点吗？”

“嗯。”筱歆先点点头，后又摇摇头：“其实感觉没有好，反而更差劲了。我有点恶心，想吐，但吐不出东西。还有点肚子疼。后来……”筱歆有点停顿。“后来‘大姨妈’来了……其实根本没有到时间。”筱歆低头说。我有些惊讶了。这么强烈的生理反应，而且短时间内身体的内分泌系统做出了这么多调整！我觉得有必要跟她再次确认一下：“你并没有撞人，是吗？”

“我没有。”她语气坚定地说，但有泪水在她眼眶里打转。“几个月前，我奶奶被人撞了，撞人的人逃逸了，然后奶奶一个人躺在地上，好几个小时之后家人才得知消息……”她的眼泪终于流了下来，压抑的哭泣变成号啕大哭。我默默地陪着她。她慢慢地平静下来，告诉我奶奶后来住院治疗后康复了。“我当时真的恨死那个人了！一点儿人性都没有！怎么能不顾老人死活就跑呢？我不能原谅那个逃逸者。当时我就想过，如果我是肇事者，不论怎样我会承担起自己的责任。”筱歆神情激动地说。“可是今天，在骑上车走的那个瞬间，我突然觉得我就像一个逃逸者，不然我为什么要逃呢？”筱歆的神情一下委顿下来。“我没有撞人，但我没有办法说清楚我自己，而且就算我说了，别人也不会相信。”

我们花了一些时间来讨论如果她留在现场最糟糕的结果是什

么：她去扶起老人时，被老人诬为她撞了人。她想找目击证人，当时有三个证人：迎面走来的人和她旁边抱孩子的那个人。他们都看得非常清楚，但他们都不愿意卷入这种麻烦事，一趟一趟要为不相干的人跑到警察局或法院作证，都推说没看见；这个街口本来有交通录像的，偏偏那天坏了；现场交警也出警了，但漫不经心的交警根本没有细细勘察老人身上是否有自行车碰撞的印记，只出具了一张“既不能排除骑车人没有碰触老人，也不能证明骑车人碰触过老人”的证明材料；最后法院判她赔偿 10 万元钱。

“10 万元！！现在对我还是一个天文数字！我一个月勤工俭学也不过 1 000 元，毕业后也不过每个月 2 000~3 000 元的工资，光是还这个钱，那不也得还 10 年！我怎么谈恋爱、结婚、买房、孝敬父母啊？！我这一辈子不就完了吗？” 筱歆惊呼起来，情绪变得越发沉重。我的心情也没法轻松，毕竟这是她可能遇到的事情。

我们又接着讨论了这种最坏结果在多大程度上是可能的，如果她真的遇到，是否真的没有办法证明自己。如果真的没有办法证明自己，她这一辈子是否真的毁了。慢慢地，当她恐惧、惊慌的情绪表达出来后，理性和智慧慢慢回来。她提到自己可以通过主动报警、拍现场照片、发微博等方式证明自己，用到高薪企业就业、开网店或自主创业等形式挣钱还债，到后来她甚至调侃说：“说不定通过打官司我会转到法律方向去读研究生，然后官司打完我也刚好研究生毕业，毕业论文就是‘我没有撞人的个案分析’。”

“所以你看，如果真的你被赖上了，未必全部是一件坏事，你从此会成为一个坚强的、勤奋的、能挣钱的人。”

最终，筱歆带着轻松的情绪离开了办公室。她的肩膀和身体明显不再僵硬。看着她的背影，我在心里叹息：一件很普通的小事，却会因为社会、法律、道德、自律、创伤事件等，让一个大学生有如此巨大和强烈的情绪反应。她身上那些敏感和快速调动能量是多么好的学习心理学的潜质，在一个安全和平和的环境中，这些特质可以做更多的事情。只是，这些特质现在要被用来应对这些事情。如果她没有一个强大的内心，这些特质如果不是用在自我成长和帮助他人方面，最终会成为她情绪频繁波动和内心被扰动的放大器，让其心身疲惫、不堪重负，有可能会发展出一些心身疾病。

一方面，她可以自我成长，让自己有更强的解决问题的能力；另一方面，我们的社会环境也多一些让她安心的方面，让她可以安心地扶起老人而不是带着自罪感“逃离”现场，尽管她没有撞人。

筱歆没有撞人，却比撞到了人却还担惊受怕。不是她 hold 不住了，而是整个社会 hold 不住了，因为人们连安心走路、安心开车的自由都受到了威胁。

医学中有很多不确定因素

暑假刚过，见到了一位同行。他提及自己在假期时住院的经历。“住院？”我吓了一跳，这么严重啊。“其实我去看病时没觉得严重，就是腹部有点疼，我还是自己坐公交车去的。要是平时上班，我可能就不去了，但假期不是有时间吗，我就想顺便去检查一下身体也好。”确实是这样，忙碌时人是没有时间生病的。“到了医院，人特别多，估计是天气太热很多人都撑不住生气了。排了很久的队，一个年轻的小医生让我先去验血。等我拿到化验报告再找她时，她已经脱下白大褂准备下班了。她看了一眼化验单，就问是否有人陪我一起来，我说没有。她说你准备一下住院吧，有一个指标高了。我当时就懵了，怎么会这样呢？我感觉没什么啊？！医生说：‘你现在感觉没什么，过会儿就要难受了，痛起来会要命的。’我稀里糊涂就住进去了。”我可以想象他当时的状态，可能连病房都没有，只能暂时躺在走廊的病床上。

“是的，过了好几个小时才被转进病房的。进病房我要自己从推车上下来，上到病床上，被医生制止，说是我可能会因为头晕出事。但当时我根本没有头晕啊！医生再检查时，我觉得自己已经好很多了，就跟医生说了，医生说：‘到了这儿你也就别多想了，我们会照顾你的。’‘别多想了’那句话说得很吓人。后来我的家人赶到，给我送了些日用品。我就想去洗个澡，折腾了这么久身上黏糊糊的。医生看到了，制止我说：‘你不能独自一个人去洗澡，你晕倒在里面怎么办？’可是，我当时是活蹦乱跳的一个人啊！医生看我不听，严肃地对我说：‘你现在感觉不到什么，可这个病一旦发作，就会非常厉害的。我建议你现在静躺在床上。’”这不是赤裸裸的威胁吗？学心理学的人比较敏感，我对医生讲的话有些不舒服，因为这些话传递了太多的负面暗示。在咨询室里，我曾经遇到过因负面暗示而引发癔症的来访者。他们很容易吸收这些信息。

“我自己当时还没有什么，家人吓坏了，赶紧跟着医生一起制止我，结果我就被禁足。然后，我想用笔记本电脑写点东西，也被家人没收。我唯一做的事情就是躺在床上，吃东西也被限制。家人比我更严格地执行着医生的命令。”这可以理解，家人认为这样是对患者好。

“后来护士把家人叫走，说是到医生办公室去。我觉得有点不妙：有什么事情不能当着我的面说呢？家人回来后，我就坚决要求他们把实情告诉我。看他们的表情，似乎很犹豫。我就更加狐疑了。然后我不得不威胁他们：‘如果不告诉我实话，我不会配合任何治疗。死也要做个明白鬼。’我其实很少会用这种方式跟家人沟通，但在病床上躺了半天，什么都不能做时，我的脾气很大。”同行做了特别的解释。

“医生是把诊断告诉了他们吗？”

“重点不是诊断，是用药。医生找他们去，是想征求意见，问要不要用一种进口的药，一支 1 200 元，抵抗病毒，自费，需要连续用。用多久不能确定。短则几天，长则数月。”

“这么贵？当时的诊断到底是什么？”我很惊讶。

“其实诊断不是特别明确，好像是内脏什么地方有了炎症，可能是由病毒引起的。我当时就上网搜索和查找，发现除了血液化验我有一项指标符合病症外，其他大部分症状我都不符合。我和医生讨论，值班医生说：‘我最怕你们这种知识分子住院。说你们不懂吧，你们懂很多；说你们懂吧，你们是医生还是我是医生？’压根不跟我讨论。情况不明确，我就不同意用这么贵的药。结果家人就开始有情绪。我看我妈走的时候眼睛都是红的，肯定背着我哭过。”

“用不用药还变成了家人之间的矛盾。”

“对啊！家人觉得我都病成这样了还舍不得花钱，其实我是觉得自己被盲目治疗、被过度治疗了，我自己有感觉，我没什么大问题，可能只是吃东西不当、天气太热引起。可能因为我是学心理学的，所以更容易分辨事实和假象。要是换作受暗示性强的病人，不早就开始扮演一个头晕、虚弱、全身难受的病人了吗？第二天我就想出院，但家人坚决不同意，我妈甚至威胁我说：‘你要出院，我就绝食。’我只好继续烦躁地在医院住着，医生、护士、家人川流不息地在病房走动着。我唯一庆幸的是在放假期间，我不用请病假，否则一请病假，又会惊动单位同事，他们又会上门慰问，那我就太受不了了。”

“那最终确诊了吗？”

“因为我当时是周五下午住进去的，一直到周一上午才有专家巡诊。当时，是一位医生带了一大帮学生或徒弟，一个一个床位地看。看到我时，我就把自己的情况给他讲了，并说我感觉一切都好。这个医生马上调出所有的化验报告和记录看了，然后又和值班医生商量了一会儿，最后给我又开了一张新的化验单，告诉我：‘如果这个化验结果好，就可以排除了’。我一下子松了一口气。化验报告完全正常。我当天就办理了出院手续。”

“那这么说是医院误诊了？你追究医院的责任了吗？”

“可以算是误诊吧！我没有追究他们的责任。我当时咨询了一下当医生的朋友，他们的说法是：‘医学当中有很多不确定因素，能够被明确鉴定为误诊的其实少之又少。如果是炎症就更难鉴定了，因为它是在不断发展的。可能你进医院时确实有一点炎症，但并不能确定来源。当时第一位医生的诊断是有点简单粗暴了，后面的医生就跟着她的思路走，直到查房时才有纠正的机会。’即使我申请鉴定，未必能有一个明确的结果。再说我当时只想赶快离开那个地方，我没有心情跟那些医生再打交道。”

“所以你是体验了一把‘被住院’的经历。”

“是啊，我的医生朋友还告诉我：‘你这算是很幸运的了，因为你住在大医院，医生比较正规，还和家属商量用药的事情，也会有专家查房，误诊了也有纠正的机会。如果在有些医院，说不定你就会被医生吓唬得马上用进口药了，一直到出院都被误诊，而且病人都没有机会知道自己是被误诊了。’我听了真不知道是该哭还是该笑。”

“是真的，如果你和家人继续被医生吓唬下去，肯定会用那种进口药，然后大量的药物进入健康的身体，可能真的会生一场病，然后真的需要治疗。”我也觉得心有余悸。即使是一个健康的人，进入那种环境中，被贴上“病人”的标签，可能思维和行为方式都会像一个病人吧！即使我们是学心理学的，仍然无法跳出这种角色扮演。我们知道医生是在不断地给负面暗示，但我们也无法完全摆脱其影响。或者即使我们能够了解到这些只是负面暗示，它不是真实的，我们的家人不一定了解这一点，他们出于一片好心，也会忠实地帮助医生实现那些负面暗示。

我们都是被医生吓大的，尽管我们不愿意，医生也未必愿意——医患关系的紧张使其习惯用这种方式与病人沟通。只有具备一颗不接受负面暗示的心，只有不被别人贴给自己的标签左右，才能分清事实与假象。

师傅，你在哪里？

尽管我是一个对维修有恐惧感的人，但当手机闹钟不能工作、机身发烫时，我还是花时间去了这个手机品牌指定的旗舰店维修部。

还好，人不是很多，但大家都挤在柜台前，所以看上去伸出的手很多。两个维修人员在里面。接待我的是一个年轻的小伙子，很像一个刚刚从学校里毕业的学生。他听我说了情况之后说："你的手机要换一块主板。"我一愣：难道不用检查就可以做出判断吗？还在发愣，他就进里间去了，出来后对我说："我刚查了一下，我们这里还没有你这个型号的主板，要去申请，需要等三四个星期。""啊？这么久？"我大吃一惊，"我这是新手机啊！那这段时间我要用手机怎么办？你们提供备用手机吗？""我去看看。"

工作人员又走到里间。“没有了，我们所有的备用手机都用完了。”工作人员走出来说。我面露难色。这时，一位女士从里间走出来，看胸牌是主管，对他说：“小王，我查了，在别的维修点有一块，我先抢到我们这里用。”最后商定等主板到了他们通知我，我再来一次，换好后当场取走。

那个被称为小王的工作人员开始坐下来拆我的手机。我看到他卸后盖板的动作非常用力，心里有一点点小担心，不知他是否专业，会不会把后盖弄坏。后盖板拆了下来，电池取下来，他开始从一个工具箱里找螺丝刀——那其实不是严格意义上的工具箱，因为里面塞满了各种工具、表格和笔等。等第一只螺丝被拧下来后，我开始真正地担心：那个工作台本来就又小又窄，上面还铺满了各种表格、广告，手机上那小小的螺丝钉放在这个台面上，真是一眨眼就看不见了。小王也有同样的担心吧！他把手机后盖翻过来，把螺丝丢进了手机后盖里。我在一旁眼睛一眨不眨地盯着，嗯，一共 11 只螺丝。正在这时，小王的同事过来拿一张表格，拖动了手机后盖，差点掉下去，吓得我惊呼一声，还好，小王眼疾手快地抓住了。他把手机主板拆出来，前前后后目视一圈，我问他是否线路有问题，他说没有。真的吗？我不确信，他只是草草地看了一眼啊！我问是否电池存在问题，他把电池拿进里间，过了一会又拿出来，说：“电池检测需要 4 个小时，你的手机要带回去，所以没法检测。先换主板吧！如果换了主板问题仍然存在，再来检测电池。”他把主板又装回去，在装后盖板之前，他在主机上贴了一张小小的标记，我问他这是什么，他说是表明他检测过，手机主板没有浸过水或遭受过人为损害。“你难道不给我一张单据吗？把你今天检测过的信息写在上面，下次我来直接给你。”我有点惊讶。“你不留下手机，我不会给你单据的。你过两天来时我休息。你找那天当班的人就可以。”小王回答道。“那你更要给我单据了，要不你的同事不了解情况。”我有点着急。“不用，我的主管那天会在，她知道的。还有，我的同事看到标记就知道手机已经检查过了。”我有点狐疑地接过手机走了。

我在回去的路上接到了来自小王的电话：“对不起，你的防尘塞我忘记帮你装回去了。我放在主管这儿，等你下次来时拿回去。”我叹口气，就他们那样的工作台，只掉了一个防尘塞是幸运的。如果一部手机有一个专用的工作盒，不就可以解决这些问题吗？还有，他的技术看上去很不熟练，难道没有师傅教吗？如果有师傅教的话，首先工作习惯会比较好，不会有那么乱的工作台，其次技术上也会好很多吧！

第二次去时，柜台前蜂拥着很多人，同时会有好几只手伸着，同时会有好几个声音在叫“师傅”。看着不长但很粗的队伍，我真不知道该在哪里排队。还好主管看到我，她把主板拿出来，在电脑上操作起来，问我：“那天，你的手机没有受理吗？”“受理了呀，主板不都调过来了吗？只是没有给我单据。”我有点奇怪。“但电脑上没有啊！”我这才知道他们内部应该做记录。这时，一位工作人员说：“天啊，我前一天在电脑中所有的工作记录都没有啦！”几位工作人员围在电脑前帮她找。后来主管交待小张帮我维修——就是那位找不到工作记录的工作人员。她先让我复印相关资料，我复印好了交给她。过了5分钟，我听到她到处在找我的复印件，其他人也来帮他找。我叹口气，在他们的工作台上再找到这份资料的概率真的不大，我又去复印了一份。都弄好了，我到一旁去等，并请小张帮我把手机里的通讯录备份出来。过了几分钟，小张过来找我："你的手机怎么连不上电脑？通讯录该怎么备份？"我一时有些目瞪口呆：她来问我该如何备份？她是专业人员啊！她后来又去问其他工作人员，总算通过微信搞定了。

过了一个小时，我去取手机时，主管正满世界找我的手机电池。她拉开每一个抽屉、翻开每一张纸，电池就是不出来。我能够帮她的就是告诉她我看见小张是在工作台上拆下的电池。转了好多圈之后，主管欢呼一声，从里间举了一块电池出来，安上后把手机给我。我开机后狐疑地问了一声："是我的电池吗？这块电池好像马上没电了，但我来之前才充过电的。"主管再也找不到其他电池了，我只好认了。我应该比旁边一个正在发脾气的客户运气好：他来取维修的手机，但工作人员怎么也找不着他的手机，他已经等了两个小时了！在他的怒火就要爆炸的当口，一个工作人员兴奋地举着一只手机出来了，是他的手机。接单的工作人员粗心，只写了手机号码，而取手机时则报的是姓名，一直没有对上。

主管告诉我，尽管换了主板，但闹铃功能还是不能用。我很失望，询问原因，她回答说是手机可能出厂时有缺陷。我问她怎么解决，保证我能使用闹铃。她说解决不了，让我去找生产厂家。这算什么事儿啊？我心有不甘地离开了。但滑稽的是，回家我试了一下，闹铃是可以响的！敢情她维修之后都没有检测或没有正确检测就交给我了？

回想我的整个维修经历并不舒服，更谈不上愉快。有些是流程不畅、规则不清晰造成的，有些则是由工作人员的专业水平、解决问题的能力造成。这些工作人员主观上并不想给我找麻烦，其实他们都是比较热心的人，比如帮我去调主板，主动电话通知我等等。但他们显然是缺乏师傅带领的人。维修靠的是技术和服务态度，这其中的秘诀其实靠师傅传、帮、带是最见效的。那些经过师傅手把手带出来的技师，做事情一板一眼，很专注，很有范儿，在自己的技术领域是享有权威的专家。他们底气很足，很有自信，因为任何事情有师傅在后面顶着。师傅则是在实践中被浸淫出来的导师。

我去的这家维修店尽管是旗舰店，但整体上缺乏流程管理，这对维修人员来说已经是先天缺陷。再加上没有师傅手把手地带，他们只能凭自己的感觉做事，所以不规则有序地做事就成为常态。可怕的是他们自己还没有意识到这一点，从主管到下面的维修人员，大家似乎都在一个技术水平上，没有办法相互督导。不知他们要付出多少代价才能成长为成熟的、为顾客提供专业服务的技师。更为重要的是，如果他们只是整个中国服务业的一角，甚至比有些地方的状况好很多，那么整个中国的手机维修服务业都要为此付出代价。

为此，需要呼吁：师傅，你在哪里？

“导师”是一个非常高级的词。在工厂里、柜台旁，“导师”有一个非常朴素的词：师傅。一声“师傅”，有多少敬意和人情！只是，中国真正的师傅越来越少了。师傅，你在哪里？中国呼唤着你。

一片叶子的礼物

大学校园里秋意浓浓。走过夏雨岛，一群孩子的叽叽喳喳让我驻足。大学校园里怎么会来这么多孩子？原来，是幼儿园的孩子在老师的带领下来寻找秋天。

“老师！老师！我找到了秋天！这片叶子好漂亮，我把它送给你！”一个小男孩朝老师跑过来。孩子的眼睛亮晶晶的。

“你怎么把叶子摘下来了？！”老师责难地问。

“这片叶子好漂亮，我把它送给你！”小男孩把小手举得更高。

“老师有没有说过，不能随便摘花草叶子啊？”老师没有伸手，而是严肃地说。

“说过啦！”旁边围上来的孩子们齐声说。

“你为什么没有记住？！以后再不能乱摘了，知道吗？”老师语气严厉地问。

小男孩可怜巴巴地点点头，耷拉着头走开了，他的眼神黯然下来。那片漂亮的叶子掉下来，被大家的脚踩来踩去，一点儿也不漂亮了。那位老师忙着照看小朋友，没有注意到男孩眼里的秋天一点儿也不漂亮了。

我在一旁被深深地触动了，因为我一下想到了课堂上大学生的表现：每次请同学点评别人的作业时，他们第一反应都是指出对方的不足和缺点，而且有时把对方批得体无完肤。在人力资源经理课程班、MBA 学员班上，同样的情境也会发生：点评时，学员们很容易把对方批评得一文不值，尽管这并不是事实的真相。让学员们去发现别人做得好的方面是一件困难的事情，有时我不得不专门花时间训练他们如何去做。那个小男孩长大以后也会成为这样的人。因为他们都是在批评中长大的。如果事情完全做错了，那确实是需要批评；但很多事情既有对，又有错时，那些对的方面就会被自动忽略，那些错的方面就会被放大和关注，学生就会受到批评，学生也会成长为爱挑剔别人、爱批评别人的人。从小到大的教育让孩子们会这样与人相处：自动过滤掉一件事情积极的方面，只看到负面的方面，毫不留情地指出错误，完全不顾及对方的情绪和感受。

可是，真的只能通过严厉批评来达到教育目的吗？让我们来重新设想出一个场景：

“老师！老师！我找到了秋天！这片叶子好漂亮，我把它送给你！”一个小男孩朝老师跑过来。孩子的眼睛亮晶晶的。

“谢谢你！这片叶子好漂亮呀！”老师欣喜地说。

“这片叶子好漂亮，我把它送给你！”小男孩把小手举得更高。

“大家觉得这片叶子漂亮吗？”老师伸手接过叶子，问旁边围上来的孩子们。

“漂亮！”孩子们齐声说。

“大家看看，叶子上有什么？”老师把叶子传给身边的小朋友。

“叶子上有一条一条的路。”

“叶子上有细细的毛毛。”小朋友们七嘴八舌地说。

“叶子上还有一滴眼泪。”一个小朋友说。

真的，在叶子被掐断的地方，有一点点水渗出来。

“叶子为什么会有眼泪？”老师问。

“叶子感觉疼！”一个男孩说。

“叶子想妈妈啦！”一个女孩说。

“对，叶子会疼，叶子会死掉。叶子虽然很漂亮，但摘下来以后，叶子会难过的。我们还能随便摘叶子吗？！”

“不能！”小朋友们齐声回答。小男孩点点头。

“我们就把这片叶子做成标本，让大家记住秋天的美丽，记住我们不能伤害大自然里的一草一木，好吗？”

“好！”所有的童声响起，像是一个秋天的承诺。小男孩的眼睛很亮。

在这个场景中，小男孩善良的出发点被老师照顾到，小男孩的情感需求被照顾到。所有的小朋友都记住了不能随便摘花草，以及温暖的批评。老师接受了孩子的爱，但也引导孩子们遵守规则。这些孩子长大之后，也拥有温暖的力量。他们在和别人相处时，既会看到别人做得好的方面，也会看到做得不好的方面。世界在他们眼中是多元的。

如果大家抱怨这个社会冷冰冰的人太多，那就从我们与孩子的互动开始改变：不再只盯着他们做错的事情上，而是看到他们错误事情中的亮点，或者错误中正确的部分，或者错误中正确的内核，做一个区分，让他们保留那些正确的做法，修正那些不正确的做法。如果我们足够睿智，也许我们会发现任何糟糕的事情后面都有光明的契机。如果成人有这样的智慧，这个世界对孩子们就是温暖而支持的，他们也会对这个世界报以温暖和支持。

批评不是为了打击对方，更不是为了打击对方的自尊。批评是为了让一个人更好地成长，而温暖的批评可以让一个人更好地成长，哪怕是关于一片叶子。

石河子的西瓜大又甜

2009年夏天，我应邀到石河子大学讲学。一下飞机，就觉得北方的天空更高远、更湛蓝。新疆是我的故乡，可我对石河子却并不熟悉。在短暂的接触中，深深地喜欢上这座城市，因为这是一座被爱浸润的城市，石河子人比大都市里的人更幸福地生活着。

在石河子大学校园里，我看到树荫下有好多卖西瓜的摊位，旁边总有几排桌椅，上面总是坐满了人，两个人、三个人、四个人，或者更多，面前是切开的瓜，大家一起风卷残云，舒爽畅快，所有的暑意顿时消散。瓜摊边总会有一个巨大的水缸，里面泡满了西瓜。不时会有人走过来捞起一个买了吃，卖瓜人又“扑通”丢进去一个大瓜。翠绿的瓜在水里翻浮着，阳光穿过树叶照射下来，让人顿生凉意。

我正看得出神，听到两个小女生和卖瓜人的对话：

“你帮我们挑一个瓜吧！我们要带回宿舍吃。”

“好嘞！”卖瓜人是个帅气的小伙子，一直在忙进忙出。如果他走在校园里，分不出他是卖瓜人还是大学生。

称好，付好钱，两个女生又说：“这个瓜肯定是个好瓜吗？拿回去可是全宿舍的人吃。买个不好的瓜可丢脸了。”

小伙子说：“我挑的肯定好。”

“那……帮我们杀开吧！我们一人一半抱回去。”这里的人从来都是说“杀瓜”“宰瓜”，似乎切个瓜也要有当屠夫的勇气，因为瓜很大很重，所以要用很大、很重的词儿。

小伙子依言拿了刀“喀嚓”一下把它切开。

“啊！怎么会有一道白的？”一个女孩叫起来。看过去，瓜瓤是红的，瓜子是黑的，虽然有一道白边，但不明显，按上海的标准，这绝对是个熟瓜，顾客不可能和老板再讨价还价的。

“这算我的！”小伙子把瓜一放，重新挑了一个大西瓜，称也不称，就去找刀，要把它杀掉。这个瓜看上去绝对不比刚才那个小，甚至还大一些。

“为什么又宰一个瓜啊？还没有称过啊！”老板拎着刀走过来说。

“她们嫌瓜不好，我给她们换一个。”

老板瞄了一眼已切开的瓜。我开始担心，生怕老板发威，说小女生故意生事，连带把伙计骂一顿。

“你怎么连瓜都不会挑？”老板善意地嘲讽着，顺手把刀递给他，转身接待顾客去了。

这次切开，西瓜是红红的瓤、黑黑的子，熟得恰到好处，像工艺品那样漂亮，绝对是个好瓜。小伙子咧嘴笑了。

“回头老板会说你吗？”两个女孩有些过意不去。

“怎么会呢？待会儿我们自己把这个瓜吃掉，不会浪费掉的。”小伙子毫不在意地说。小女生抱着瓜欢欢喜喜地走了，可以想见一个宿舍的女孩们吃瓜时，聊起买瓜经历会让这个瓜更甜蜜。

我在一旁看得目瞪口呆。这样的瓜，在上海是绝对不可能退掉的，顾客不知要费多少口舌才可以便宜一点买回去，旁边不知会围多少人看“吵相骂”（吵架），顾客和卖瓜人的情绪都会被败坏。这个伙计二话不说就重新切开一个，没称，明显要比之前那个大，对这个举动，老板没有责骂，认为换瓜理所当然，也没有要求一定按实际份量收钱。看样子，这是常规做法。他们怎么可以这么慷慨呢？怎么会有这样的生意人呢？这不是会少赚钱吗？当卖瓜人和买瓜人都满脸幸福时，我满心羡慕。这个城市让人觉得很温暖，连陌生人之间的关系都如此。当地人的待客之道更让我体验到夏天般的热情。

我感受到的是和上海人完全不同的待客之道。上海人由于工作和生活压力大，节奏快，所以待客之道常常是请客人吃顿饭。而石河子的待客之道，则让我惊讶和感动。乌鲁木齐地窝堡机场离石河子有 100 多公里。如果在上海，往往会请客人坐公共交通工具，到了当地再叫出租车，再客气一点，会安排专车来接。但石河子大学不仅派车来接，而且系里的领导也到机场来接！后来我得知，这不是对我的特例，所有远道而来的专家，他们都会亲自到机场接机。

接到了我，车子没开多久就下了高速公路，系领导说是让我吃点东西垫垫底。我说飞机上吃过了。我早已习惯了自己安排这些事情。如果飞机上不供应饭，就饿着肚子做事情，那是我自己没有照顾好自己，和东道主没有关系。在饭店门口的瓜摊上，主任先买了一个西瓜、一个哈密瓜，让摊主切好了端上来。他细心地提醒我先吃西瓜后吃甜瓜。西瓜红瓤黑子，一口咬下去甜甜的汁水流进心里。再吃哈密瓜，浓郁的香味飘进鼻子里，咬一口，蜜一般甜，又香又糯。

到了宾馆，主任送我到房间，看了一圈，什么都安顿好了才走。过了几分钟，服务员就来了，送来了水果，说是学院安排的。此后，每天都有两三次的水果送来。

晚上接风，学院的全体领导给我们专家接风。宾主尽欢。结束后，我们和主人握手告别。一位专家提议说散一下步。学院领导马上让系领导陪同我们，并安排了车子在新广场等着接我们。走在石河子市政府所在的新广场，真的感觉心旷神怡。走了一会儿，就有一瓶酸奶塞到我手里，原来是主人怕我们口渴，买给我们的。散完步，车子把我们送回宾馆。在车里我随口问了一句路边卖的是什么水果，主人马上要去给我们买，慌得我连连摇手，因为我只是好奇，怎敢劳动他们去买?

接下来每次讲座前，都会有人到宾馆里来接我们，尽管教学楼和宾馆近在咫尺。每次讲座后，都会有人送我们回宾馆。每次吃饭前，都会有人来叫我们。有天晚上，我们专家自己结伴去音乐广场，半路上接到系领导电话，听说我们在去音乐广场的路上，马上说要来陪我们，我们说不用了，又说派车过来，我们说不用了。他还很过意不去。过意不去的是我们。我觉得太麻烦他们了，他们操心我们所有的事情。很多年我没有体验过这样热情的招待了。我习惯了自己打点一切，自己操心所有细节。难得的，在巨大的社会发展过程中，石河子人的热情保留下来，并且更加细腻，更加体贴入微。我相信所有人都会被这种热情打动，因为他们付出的是真心，付出的是时间。被海派待客之道熏陶过的我，被石河子人的待客之道深深感动，包括每一个细节。

告别时，我感谢主办方的热情接待。主办方回答我说："在恶劣的自然条件下，新疆人、兵团人如果不相互帮助，就无法很好地生存，不论是对熟悉的人还是陌生人。你不知道，以前交通没有这么发达时，任何一个人遇到问题，如果没有其他人的帮助，都可能很难解决。帮助他人就是帮助自己。我们习惯了这样做。"石河子人把上天给的广袤土地和恶劣自然环境，转化成帮助别人、爱别人的特性。生活在这样一座城市里，是一种幸福。

两双眼睛看北京

以下记录了两个人对北京的不同感受。

上海学生看北京

一名女大学生小 A，兴致勃勃地跟我聊起她在假期去北方的感受：

我以前只在电视和电影上看过北京，印象还不错，但去过之后很失望。我对北京的第一个坏印象是地铁：走进地铁站，里面黑乎乎的，像是很多年前的建筑，我一走进去就害怕，而且觉得它的层高很低，很压抑。上海的地铁到处通透明亮，冬天走进去很暖和，夏天走进去很凉爽，到处干干净净。我还以为每个城市的地铁都这样呢！我们有一次坐地铁，地铁里居然没有空调，头顶有风扇呼啦啦在吹。这是什么地铁？听朋友说，这是由于地铁建造的年代太久远了，而那时没有普及空调，所以就没有空调。这在上海是不可能想象的。上海的地铁永远冬暖夏凉的。哦，北京有的公交车上竟然也没有空调。我还坐过一次那种中间很软的皱褶布连接在一起的公交车，如果站在中间部位，会随着车子甩来甩去。记得以前上海也是这种车，但太久没有看到啦！北京居然还有这种车。

嗯，说到地铁，我还想说啦，我们去长城和十三陵玩，觉得地铁最快，就去找地铁，找来找去没有。查公交线路，一共只有两条线。等的时间长不说，而且人山人海，真是要拼命挤才上得去，下得来。上海只要去附近，就可以乘坐地铁，哪怕将来去迪士尼，也可以乘坐地铁去，所以我感觉北京对外地人非常不在乎，反正他们自己不愿意去这些景点，就不修地铁、不增设公交线路，你们外地人爱挤就挤吧。

我在北京非常不习惯的是街边没有什么奶茶店。在上海走几步总可以看到卖饮品和奶茶的，但在北京我寻寻觅觅，很难找到。北京的朋友说："那东西太甜，北京人都不愿意喝。"可上海人很爱喝啊！我吃了北京菜之后更想喝了，因为北京菜真是太咸了！太咸了！！每天我都捧着瓶子一直在喝水，因为每天的菜都很咸，我很想喝到上海的奶茶，但不是很容易找到。感觉北京饮食店也没有上海多。我们去吃了烤鸭，三个人居然吃了500元！我好心痛哟！我觉得北京吃的东西太贵啦！如果在上海，肯定吃不了这么多钱的。还有一次去吃北京地道的特色小吃，是那种卤菜，排了很长的队，端上来我吃了两口，就再也吃不下去了，因为除了咸，吃不出来其他味儿。看我不吃了，旁边一位老先生问我是不是快要走了。我点头说是，准备收拾了走，结果他儿子过来赶紧跟我说对不起，让我吃完再走，原来他看我碗里根本没少，以为我还没有吃就被他爸爸撵走了，我解释说我吃不下了，他特别不能理解。

我觉得北京人的态度不如上海人好，不管是在餐厅里、公园里还是商店里。有一次，我去买北京特产，就是各种糕，我看盒子里放了整整四层，觉得太多，就请售货员去掉一层，结果他硬声硬气地问："那你要几块？"我愣在那里，因为我只要去掉一层，没数过多少块。他那种语气似乎是我给他添了很多麻烦似的。可能他不是有意的，但我在上海很少听到服务行业的人用这种语气说话。还有一次我向陌生人问路，我其实想知道从哪个地铁口出去离天安门最近，他反问我要去哪里，我告诉他要去天安门，他再次反问我是要去博物馆还是要去剧院，我再次告诉他我要去天安门，他说他没法告诉我，因为我不知道你究竟要去哪里。我被他弄得哭笑不得，只好随便找了一个出口走。要是在上海，我不用问人，因为地铁出口处会标得清清楚楚，去哪里从哪个出口走一目了然，而北京地铁则没有。所以还是上海人的服务意识比较强。

还有啊，北京街上的垃圾筒太少，有时手里捏着垃圾，要走很远很远，才能把垃圾扔掉。而在上海，隔一段路就有垃圾筒，所以拿在手上的垃圾很就可以丢掉了。北京的街面上似乎永远都是有沙尘的，尽管我去的季节没有任何沙尘暴，但到处都有沙。我住的地方紧邻一个大工地，是露天的工地，天哪，只要一刮风，土就到处飞，而在上海，所有的工地必须围起来，土也必须被罩起来，我从来没有见过这么多土。

北方人看北京

当我听到小 A 说了这么多不喜欢北京的地方后，我有一些被震惊到。我来来去去北京数次，很喜欢北京。

很喜欢吃北京的东西，尤其是面食，不论怎么做口味都特别好，哪怕同样是包子，北京的包子就比上海的好吃，面发得更宣，馅料调得更有味。我最喜欢吃北京的手擀面，吃起来特别筋道，哪怕是再家常的西红柿鸡蛋面，我吃起来都呼噜呼噜一大碗。

说起大碗，我不能不说北京饭店里饭菜的量。至今记得第一次到北京时的小插曲：那次下了火车直奔饭店，因为 10 多个小时都没吃着热乎饭菜了。我点了一大碗手工面。“您要大碗的吗？”服务员再次跟我确认。“是啊，大碗的。”在上海，大碗意味着三两面，三两面我还是吃得完的——里面汤很多的。“我们这儿女士一般都点小碗的。”服务员再次提醒。“可是我很饿，我觉得自己吃得下大碗的。”服务员意味深长地点点头。过了一会儿，面出来了，像个小盆似的碗里装着满满的面！注意，是面而不是汤！我吓坏了，确认没有上错，确实是我点的。最后我只吃了三分之一。现在这种豪爽似乎会缩减一些，但在北京聚会时，通常需要比上海要少点两三个菜。觉得还是北京吃东西实在。

我很喜欢北京的天，天高云淡，上海的天似乎一直罩在头顶上，而北京的天似乎更高，我自我感觉到了北方身高都会高两厘米。我也非常喜欢在北京看街景，有些地方看得见天际线。在上海不行，除非到了高层建筑上，否则视线所及全是楼房。而北京总有些地方留出了高空，让你一眼看得到远方。

嗯，我超级喜欢北京的暖气。外面再天寒地冻，房间里面温暖如春。而上海的冬天是屋里屋外一个温度，除非你开空调。一直奢望北京的暖气能引进上海，有一个温暖的冬天。

还有，我很爱吃北京的零食。冬日里风吹得非常寒凉之时，去买一包烫乎乎的炒栗子，不怕烫的话，不停地倒着手剥一颗，马上放嘴里，又热乎又香甜，连整个舌头都变得享受起来。还有一点不能不说，我很喜欢北京人说话，听他们说话是一种享受。有些词他们用得特别生动，还有标志性的儿化音，我都很喜欢。

两双眼睛

为什么两双眼睛看到的北京会不同？因为年龄，我和她相差两轮，我们经历的历程、关注的方面不同，她乘坐的第一辆地铁就是上海的地铁，而我则是乘坐的北京的，那时还是很新奇的；因为出生地，我出生在北方，而她出生在南方，那些对我来说亲切和熟悉的风景、物产，对她来说是陌生的；因为所用参照系不同，她用江浙沪，而我用北方城市。

自己不了解中国了

小 A 说：

我从小生长在上海，旅游的范围也都是在江浙沪，或者往南走，从来没有去过北方。这次放假，我第一次北上。我第一次看到中国的北方是什么样儿。看完了回来，我觉得我不了解中国。我以前以为自己了解，其实都错了，中国这么大，我充其量只是了解中国的南方，不，中国的上海。以前我教外国留学生时，常常很自然地对他们说："我们爱吃甜的。"他们会自然地认为"我们"是指"中国人"，但今后我再也不会这么说了，我最多说："我们上海人爱吃甜的。"以前常有留学生问我："你们中国是跟《菊豆》和《大红灯笼高高挂》一样的吗？"我每次都会反驳，说那不能代表中国，那只能代表中国很多年前很落后的地方。但我这次真的去了很穷的地方，之前我从来没想到过中国竟然还有这么穷的地方！

"我到了一趟北京，就像当了一回外国人。"小A眨巴着眼睛说。"以前我教外国留学生时，经常不明白他们为什么会误解中国人，现在我理解了。"她说起有一个学生参与家庭寄宿计划，住在一个上海人家中。上海老太太很热心，天天给他烧好吃的，平时大家的关系很好。有一天他要出去旅游，他整理好自己的行囊出门。男孩子嘛，本来就没有什么东西，所以他只带了一个双肩包和一个拎包。老太太见了嚷："你不就出门两三天，怎么带这么多东西啊？！"他听了很不舒服："我是个成年人，我有能力照顾自己。带多少东西旅行是我来安排的事情，和你有什么关系呢？！"老太太一听他这么冷言冷语，也生气了："我是关心你才说一句的，不关心你，你背多重的包走和我都没有关系！不就是看你背包重了走路会吃力嘛！"他不再说什么，但一直不高兴，还专门来问我："为什么老太太会这样说我？她是在讽刺我吗？"小A说："我听他讲了这件事情，心里很吃惊，因为老太太的话没有什么问题啊！换一个中国学生，不会有任何误解的。但美国学生就会不高兴，而且马上表现出来。中国学生就算不高兴，也不会当场给老太太脸色看的，毕竟人家是一片好心。我觉得我在北京的遭遇，可能就和那个美国学生在中国一样，有很多的不适应，但未必是对方错了，如那个服务员和那个问路的人，也许他们就是用这种方式对待所有人的，他们并没有觉得这种方式有什么不好，因为别人也是这样对待他们的。"

小A的反省力非常好。她从自己的旅行经历中体验到自己原来太不开放，尽管生活在大都市，但其实太封闭，没有看到外面的世界，所以和外国人沟通时，听他们讲的事情，但却不懂、不明白。旅行一趟，那些体验告诉她很多事情，她开始睁开另外一双眼睛看自己、看上海、看别人。

受到这番谈话的启发，我觉得我的"跨文化沟通"课程，应该开成一门边旅行边上课的体验课，所有那些在旅途中相遇的人，都可以成为老师，教会我们如何用一颗开放的心去和别人沟通。能够这样上课，岂不美哉？！

注：这篇文章中谈到的北京和上海都是过去许多年前的往历和印象。如今的上海和北京随着改革发展的脚步，已变得越来越整洁和漂亮了。至于个人观感上的不同，那也是"仁者见人、智者见智罢了。

给老爸『断奶』

旅游当中很重要的一部分是旅伴。如果没有好的旅伴，我宁可一个人上路。有一次去旅游时，幸运地拥有七八个好伙伴。混得熟了，就以各种水果来命名。年龄最小的是桃子，因为她的脸又圆又红。和她玩得好的叫樱桃，因为她的网络签名是“小丸子”。虽然我们完全是自助游，但七八个人走在一起也很像一个旅游团，名曰“水果团”。

那一天，我们做了一个活动，静心徒步，就是大家安静地走路，谁都不能说话，手机也要关到静音挡，每个人只和自己在一起。开始走起来时大家还觉得有点别扭，但越走越舒服，走在美景中，语言多余而苍白。到了目的地，静心活动正式结束。樱桃打开手机，忍不住惊呼起来：“10多个未接电话！”这时有一个电话进来，她接了。没说几句话，就把电话递给了桃子。桃子有些惊讶地接过电话，听了一下脸色就变得难看了，再听几句，说话声音高了起来："谁让你又打电话给别人！不是告诉过你不要再这样做了吗？你不是也答应了吗？！我会有什么事情？昨天不是跟你说了今天手机会关机吗？"她的语气流露出她的愤怒。大家愣住了，桃子从来都是轻言细语地说话，她这是在跟谁说话？是跟男朋友？她在男朋友面前是野蛮女友？！不过，电话为什么是打到樱桃的手机上？

一直到吃完饭，桃子的脸色才缓过来。吃完饭我们出去散步，我问起她情绪是否好点，下午发了那么大的火。她有些悻悻地说："还不是都怪我老爸！他不停地打电话给我也就算了，还打电话给樱桃，真是气死我了！"原来是老爸，不是男朋友。看到我惊讶的样子，她缓和了口气说："我老爸对我特别不放心，每天都要和我通几个电话。平时在公司里上班还好，办公室桌上的电话找不着我，手机总归找得到我。我一出门他就紧张。这次他逼我把一起旅游的人电话号码都报给他，我怕他影响别人，不肯给，但他一个劲唠叨，后来我只好给了樱桃的手机，但警告他尽量不要用这个电话，除非有特别紧急的事情。你看我们下午手机关到静音挡，我昨天还提前告诉过他，他还是不停地打我电话。打不通我的就打樱桃的，一打还打那么多个，你看这是什么事儿啊？！"

我笑了："你对老爸很凶哦！骂他就跟骂你男朋友一样。"

"我还没有男朋友。其实我不是有意的，是他太过分。你不知道，上次我去香港旅游，我是跟团的。因为对老爸很有意见，所以所有的安排都是避开他的，他只知道我出差，后来从我同事那儿打听到我一个人去了香港，就开始电话轰炸了。有一天我的手机信号不好，没有及时接听他的电话。后来坐在车里时，我听到我们旅游团的地陪在电话中提到我的名字，并且说：‘我还不清楚啦，不过我会帮你问啦，不会担心啦’，我电光一闪，马上接过电话，果真是我老爸。原来老爸打不通我的电话，就打了地陪的电话。团里的人都夸我细心，把地陪的电话及时给了家里，只有我知道，老爸不知打了多少个电话才查到我报了哪一家旅行社，跟了哪一个旅游团，地陪的电话是多少。想到他在家一个电话一个电话地打，我心里真不是滋味。我不是有意想瞒他，让他有这么多担心，但我真吃不消他这样的关心。”

“只有你出门时，你爸爸才会这么不放心吗？”我问。

“哪里，所有的事情上他都把我当小孩子，包括我的工作。公司里的人一直笑话我。上一次庆祝项目结束有同事提议去唱卡拉 OK，问大家去不去，我还没说话，一个同事就学我的口气说：‘我要打电话问我爸爸，我爸爸同意我才能去’，那种嗲声嗲气的港台腔让我的鸡皮疙瘩掉了一地，一想到在大家心目中我是这种形象，我就欲哭无泪。我真冤哪！其实我很愿意参加到大家的集体活动中去，但因为我的同事都接到过我老爸的电话——如果我没有及时回家，又没有在第一时间报告，我老爸就会挨个打我同事的电话，所以时间一长，大家都觉得我就是那种什么事情都听父母的小孩，有什么事也不再叫我，老板有些重要的事情也不交给我了。我真是眼睁睁地看着和我一起进公司的人‘噌－噌－噌’地往上蹿，只有我做了这么几年还是个小组长。”

“你从小爸爸就这么关心你吗？”

“不是。我小时候爸爸对我也很一般，那时妈妈对他很有意见，因为他想要一个男孩，结果我是一个女孩，他就不顾家，天天在外面玩，我妈妈说他年纪很大的时候还像个贪玩的小孩，每天下了班都先去玩，一点儿都不像成了家、当了爸爸的人。反而是我读大学了，爸爸才变得多管闲事。特别是他退休后，天天让我汇报动向。其实他也不是很关心我具体做什么，或者说他也管不了我做什么，只是关心我什么时间回家。我按时回家吃饭，他就高兴，我晚回家，他就要唠叨。我要妈妈管管他，妈妈说他现在在补以前的课，就让他补吧。”

“那你老爸能接受你找男朋友吗？”听上去他爸爸的占有欲很强，会接受有另外一个人把她女儿带走吗？

“不知道。在这件事情上我妈会唠叨我，说我老大不小了，有合适的人可以好好相处。我爸倒不逼我，说我还小。但现在别提了，我名声在外，我周围的人都在传：‘桃子找男朋友，得先过她爸爸那一关，仅仅过桃子那一关没有用。’搞得都没有人敢来找我。我真是冤哪！”

桃子皱着的脸逗笑了我。“现在是爸爸对你的依赖远远超过了你对爸爸的需要？”我问。

“嗯，是这样的。”

“这种情景本来经常发生在孩子与父母的相处中，但有时候，随着子女的长大，父母没有成长，仍然固着在孩子小时候的状态，就会形成有些畸形的互动：父母反而用各种方式向孩子索取爱和关注。有时候，孩子还被迫充当父母的父母，去照顾和考虑他们的感受，满足他们心理上的需求。”

“对对对，我觉得我们家就是这样。那怎么办呢？”

“给父母‘断奶’。”

“真不可思议，居然要给老爸‘断奶’。”桃子嘀咕了一声。

“这个比喻听上去可能有点匪夷所思，但它很直观。就像当年妈妈给你断奶一样，她是爱你的，但她会做出一个重要决定：不再向你提供奶水。也许你的哭闹会动摇她，但她知道断奶是为了你好，所以她会尽可能地控制住自己，温柔而坚决，划清你和她之间的界限。你现在可以做一模一样的事情。你爸爸退休后全部心思和精力都放在你身上，你被缠得透不过气来，他自己的生活状态也不好，这不是一种健康的家庭动力。他可能没有意识到，他用这种方式在控制你，用爱的名义捆绑着你。你爸爸应该有他自己的生活重心和生活内容，他需要去寻找和发现在他生命当中有意义的事情。刚‘断奶’时他会失落，但等他建立起自己新的生活和社交圈子后，他会了解生活可以有多种内容。”

成长是一场永远的盛宴

圣诞趴体（party）主要是为安接风，其次是我们图画工作坊的朋友们再次聚会。家里亮起了很多盏蜡烛，是安特意千里迢迢从美国带回的蜡烛和防风纸袋，这是美国当地风俗。只是没有把纸袋里的沙子带回来。好吧，我从厨房里找出玉米粒装上。她带了几十只蜡烛，一盏盏点起来，温暖的光就摇曳在楼上楼下。

我们在烛光中看着夜空，听着教堂里的钟声，一起画画，一起分享过去半年里的故事。大家最想听安在美国的故事，一去就是半年，忙到没有空给我们写信。她满脸放光："新的生活，新的开始。比想象的困难得多！比想象的幸福得多！"

再温馨的聚会也有散去的时刻。安最后一个走，她拥抱了我："你知道吗？今年在我身上发生了多少事情？"我知道，她在每一次图画聚会上都做了分享。“不，那只是一小部分。当时还太迷惘，不知路会怎样走。现在一切都处理好了，我才敢回头看当时肩上压了多重的担子：和旧的婚姻说再见；和以前的工作说再见；和以前的身份说再见；准备到新的国家以新的身份开始生活。这一切多么不容易！那时候真的以为自己撑不过去，但每次到你的聚会上，我总是会获得力量，让我狂躁的心宁静下来。多么神奇！如果那时没有这个聚会，我不知道我会怎样！我是多么幸运，在我最需要的时刻你开了这个聚会，而且邀请了我！多么感谢你！” 我真心地感谢她，多么好的反馈！尽管我早已知道每个人都有收获，但她的反馈还是让我心欢喜！她让我更加感受到举办聚会的幸福！

我从来不是一个“趴”动物，既不热衷举办，也不积极参与。但是在前年，我却开起趴体来，而且一开就是连续性的：每月一次，一共半年。是什么触动了我？是画画。我从来没有正式学过画画，但一直迷绘画心理分析。最迷的时候是自己画，也让别人画，天天解读那些图画和图画背后的故事。迷了一阵，就写了那本《心理画外音》。写完后，痴迷退化为热爱，虽然还一直在实践，但已“退烧”了。不想后来帮《涂鸦日记》这本译著写荐言时，那种痴迷又重新袭来。那一阵经常用图画代替日记，遇到什么事情都会用图画把心情记录下来。感触很多，成长也很大。独乐乐，苦于没有人分享。怎么办？有一天，突然想起来可以开趴体。一开趴体，就可以聚集一批人一起分享啊！嗯，说做就做。

我先写了非常正式的邀请信，呵呵，就和会议通知的格式差不多，因为里面写了目标、时间、规则，但又是非常温馨的话语，因为这是我私人的聚会，只是邀请朋友到我家来一同画画，一同成长。在我看来，最高的待客之道就是邀请别人到家里来。邀请只发给了特定的人，就是那些我愿意邀请到家里来的朋友。然后其中有一位发来 whisper（低语）：“某某也想来，可以吗？”我笑了：“这次他不在我的邀请之列。”图画成长趴体，要的不是人气，而是三五知己的相契。

不是所有的人都答应来，因为我要求他们承诺：一旦决定，就得每一次都来，而且不能迟到。如果有迟到、缺席，请从一开始就不要参加。这么苛刻的条件，是因为我希望所有的活动能够具有同步性，不会因为朋友的迟到而一次次从头开始，并因此连累那些准时的朋友。而且我希望这些朋友能在每一次活动中加深了解，共同成长。缺一次，整个圆环就会缺一块。

万事俱备，只等第一次趴体开始。且慢！我还没有找到助手。我需要有一个人在趴体的过程中帮助我，准备材料，招呼点心和茶水。我不可能分神去做这些。虽然家里有钟点工，但我不考虑这种选择——要和我更有默契才行。请谁呢？一种方案是大家轮流值日，每次有一个人来服务大家；还有一种方案，嗯，是请女儿做小助手。一开始，她把头摇得像拨浪鼓，我说：“这是很好的勤工俭学机会哟！如果你工作做得好，我会付助手费的。”想想，再想想，点头。真不错，平时可以借培训之名让她多锻炼一下做家务。

于是，第一次图画聚会就在一个冬日的午后开始了。那些暖暖的阳光透过斜窗照下来，洒在每个人的心里。每个人都满含笑意地介绍自己。介绍主题后，我带大家做放松训练，并且进入主题。围着一张巨大的矮方桌，坐在地上，大家安静地画画，用各种材质的纸，尝试各种画具和画笔。只有带着阳光的空气穿梭在我们之间。画完画，每一个人都坦诚地交流。那些话像小溪一样顺着画面流出去，一直把我们带到每个人的心底，每个人的心底都变成一个清澈的世界，我们可以看得到。其间有眼泪，也有欢笑。那些话语流淌着，每个人都像在温泉中沐浴过一般神清气爽。小助手奉上茶点和水果，房间里更觉得温馨。有人说："原来，聚会可以这样开。"

大家都喜欢上了这个聚会，我也很喜欢。精神会餐，一月一次雷打不动的聚会，彼此有分享，每个人都有成长。我们从冬天走到了春天。我们尝试过各种主题，尝试过铅笔画、水彩画、水粉画、油画和剪贴画、泥塑。每次尝试都那么好玩，每次分享都那么真诚。大家相互之间的信任那么深，最后一次时，我不得不处理分离焦虑。聚会总有结束的时候。大家商量，决定三个月之后再聚会一次，而且要开成一次画展，把大家在家画的图画都拿出来展览，听大家分享更多的成长故事。

那天结束时，一位朋友对前来接她的先生说："我将来也要一幢这样的房子，有阳光可以斜斜地照进来，也要这样一张大方桌，大家可以围坐在一起画画！这是我的梦想！"她的先生溺爱地搂着她的肩答应着。我笑了：其实她要的不是房子，她要的是聚会时朋友们在一起的幸福。把房子变成梦想之屋的，是那些洒进大家心田的温暖和阳光。在相互的照耀中，大家彼此都变得通透闪亮。

三个月之后，我没有再开趴体。我忙，大家也忙。每一段时间总有每一段时间的主题。每个人都有新的忙碌或持续旧的忙碌。在一座近 2000 万人的城市中生活，我能有时间、精力和心情举办趴体，那些人能穿街越道，带着一颗宁静的心前来参加，是一种奢侈。直到半年后，安从大洋彼岸回来过圣诞节，我才重新召集齐所有的人，为她接风，重开趴体。

回首望，那些聚会已静静流淌而走，只有那些图画还挂在墙上，只有那些成长还积淀在每个人心里。于我，那一阵的痴迷化成一本书——《我手画我心》。

成长是一场永远的聚会，不奢华，不吵闹，却静静地敞开着门。那些追逐热闹的人不知它去了那里，只有静心内省的人才看得见它的踪影。